汉语语调与
对外汉语教学研究

林茂灿 李爱军 李智强◎著

中国社会科学出版社

图书在版编目（CIP）数据

汉语语调与对外汉语教学研究 / 林茂灿等著. —北京：中国社会科学出版社，2020.4
ISBN 978-7-5203-5997-9

Ⅰ. ①汉…　Ⅱ. ①林…　Ⅲ. ①汉语–语调–对外汉语教学–教学研究
Ⅳ. ①H195.3

中国版本图书馆 CIP 数据核字（2020）第 026707 号

出 版 人	赵剑英	
责任编辑	张　林	
特约编辑	宋英杰	
责任校对	周晓东	
责任印制	戴　宽	

出　　版	中国社会科学出版社	
社　　址	北京鼓楼西大街甲 158 号	
邮　　编	100720	
网　　址	http://www.csspw.cn	
发 行 部	010-84083685	
门 市 部	010-84029450	
经　　销	新华书店及其他书店	

印　　刷	北京明恒达印务有限公司	
装　　订	廊坊市广阳区广增装订厂	
版　　次	2020 年 4 月第 1 版	
印　　次	2020 年 4 月第 1 次印刷	

开　　本	710×1000　1/16	
印　　张	11.5	
插　　页	2	
字　　数	207 千字	
定　　价	66.00 元	

目　录

前　言*

　　汉语语调研究与对外汉语声调和语调教学的结合是基于语调本体研究的发展和对外汉语教学的需要。在赵元任先生汉语语调学说指引下，我们采用自主音段—节律理论（Autosegmental-Metrical Theory），研究汉语功能语调（林茂灿，2012）和情感语调（李爱军、Li，2015）。我们看到，汉语语调携带的信息是重音（窄焦点重音）和语气，重音和边界调是汉语语调的两个要素（变量）。图 1 是汉语语调双要素模型。汉语语调携带的信息包含重音和语气两个要素的结论，符合吴宗济先生（1988，1993）提出的汉语语调观点。我们还进一步看到，汉语重音和边界调与声调之间是叠加关系，如图 1 所示。从图 1 还可以看到声调是学习汉语语调的基础。

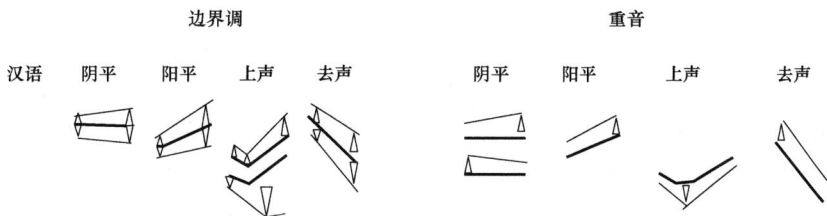

图 1　汉语语调双要素模型及汉语语调与声调之间叠加关系的示意

　　本文集收入 12 篇文章，其中林茂灿五篇，李爱军一篇，林茂灿和李爱军合写的两篇，李智强和林茂灿合写的一篇，李爱军与李智强合写的一篇，祖漪清为《汉语语调实验研究》写的书评一篇，以及李智强和林其光合作的刊登在《语音学 Phonetica》上的评介文章一篇。

　　第一篇是为纪念赵元任先生诞辰 120 周年，以"赵元任语调学说与汉语语调"为题写的（林茂灿，2012）。赵先生语调学说不仅提出汉语语调是什么，并提出研究耳朵听到的总语调（实际的音高活动）概念，而且提出外国学习者学习汉语语调如何克服洋腔洋调等的主张。赵元任语调学说不仅为汉语语调研究做了最透彻的描述，而且也为非声调语言的语调研究指

　　* 本书的研究与出版得到了国家社会科学基金重大项目"中国方言区英语学习者语音习得机制的跨学科研究"（项目批准号：15ZDB103）以及中国社会科学院创新工程项目的大力支持。

明了方向，具有普通语言学意义。

第二篇"汉语焦点重音和功能语气及其特征"（林茂灿，2012）认为，汉语功能语调的两个变量（重音和边界调）在韵律结构制约下，形成语句像波浪般的音高（F0）曲线。这篇文章给出了重音和边界调的语音特征。

第三篇"汉语表情语调"（李爱军、Li，2015）看到，人们用语音表达情感的时候，跟正常的中性语音比较，语句的语调、声调和重音模式都受到了影响。这对汉语学习者来说无疑是一个挑战。由于重音和边界调的作用，一些陈述语气的情感句听起来很像疑问句，不但其调阶抬高，而且调形也上扬。这种高边界调虽然不是疑问句的充分必要条件，但也是必要条件之一，加上调形和时长的变化，使人感知为一个问句就不足为怪了。情感表达的手段也是多模态的，同时也受到学习者的母语文化背景的影响。面对面的表情表达中，面部表情的作用往往大过声音。

第四篇是祖漪清以"探索语调本质"为题，对《汉语语调实验研究》作的评介，刊于《中国语音学报》第三辑（祖漪清，2013）。她认为，《汉语语调实验研究》以赵元任先生汉语语调思想和现代语调的自主音段—节律理论为基础，用声学分析和感知实验，系统地研究了功能语调，给出了汉语功能语调的双要素模型，并初步探讨了赵元任的总语调问题。

第五篇是李智强和林其光以"The Experimental Study of Intonation in Mandarin Chinese（in Chinese）"为题，刊登在《语音学 Phonetica》上的评介文章（Li and Lin，2016）。这是该杂志首次刊登非英语语调研究专著的书评。这篇书评在介绍各章主要内容的同时，简单介绍了赵元任的汉语语调学说，并阐明该书是在赵元任语调学说指引下，运用自主音段—节律理论写成的。

为探讨学习者如何学习声调和如何克服学习汉语语调产生的"洋腔洋调"和"该降的不降，该升的不升"等问题，我们在对汉语语调和英语语调作对比研究后，开展其相似性研究和类型学研究，图 2 给出了英汉语调的共性和差异。

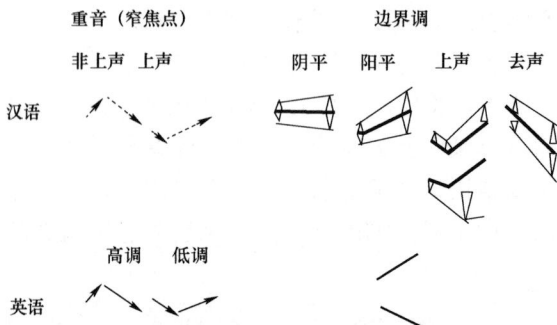

图 2　英汉语调的共性和差异的示意

在英汉语调的对比、相似性和类型学研究基础上，我们发表了六篇关于对外汉语声调和语调教学与研究的文章。它们分别是：第六篇"汉英语调的异同和对外汉语语调教学——避免'洋腔洋调'之我见"（林茂灿，2015），第七篇"英汉语调的相似性与对外汉语语调教学"（林茂灿、李爱军，2016），第八篇"英汉语调的共性和差异"（林茂灿、李爱军，2017、2018），第九篇"对外汉语声调和语调教学中的语音学问题"（李智强、林茂灿，2017），第十篇"口语对话中的语音教学与研究初探"（李爱军、李智强，2017），和第十一篇"再谈对外汉语声调和语调教学"（林茂灿，2018）。我们认为，学习者在学习起步阶段，运用已有的语调知识于声调及重音学习中，并把发音和听辨相结合贯穿于声调和重音学习之中，是学好汉语声调的一条有效途径；学习者学习汉语语调时，在看到英汉重音和边界调各自共性的同时，还要掌握、运用其差异，这样，说出来的汉语才会"自然流利"。我们还指出，句子的轻重音分布除了受到句法和韵律结构的影响，还受到上下文信息结构，即语境的影响。也就是说，轻重音分布也是语篇意义的一部分，是语篇意义的一种表达手段。在语音教学中也不应忽视语篇层面的语音规律。

第十二篇是林茂灿专为纪念吴宗济先生诞辰 110 周年而写成的"声调和语调的'最小载讯元素'、形态、类型等问题——需要深入研究声调与语调之间的关系"一文。文中看到的声调和语调"最小载讯元素"及其形态等是初步的，期望起到抛砖引玉的作用。我们要秉持吴先生面向实际、"探索语音真相"的主张，选用有代表性的方言，认真研究声调与语调之间的关系，提出声调和语调形态的规律性论述，给出其区别性特征，为发展超音段形态学和类型学作出贡献！

我们立足汉语北京话和方言及民族语言，面向教学，可以把我们的语音学研究做大做强，为语音学发展作出更多、更大贡献！

赵元任语调学说与汉语语调①

——纪念赵元任先生诞辰 120 周年

林茂灿

赵元任是国际著名的语言学家和语音学家,他的语调学说不仅为汉语语调研究作了最透彻的描述,而且也为非声调语言的语调研究指明了方向,具有普通语言学意义。

马大猷先生以 "Chao's viewpoint of Chinese intonation" 为题,在庆贺吴宗济先生 95 岁华诞举办的国际音调研讨会上,对赵元任语调学说作了高度评价。他指出:"赵先生是最彻底研究汉语语调的第一位语言学家,在 20 世纪 20 年代和 30 年代初以他灵敏的耳朵,聪颖的思维,高度的概括力,对汉语语调作了最透彻描述,他的成果至今仍辉煌无比。"

赵元任(1892—1982)

一　赵元任汉语语调学说

赵元任在 1929 年《北平语调的研究》中指出,口气语调 "是几乎全国一样的,甚至于跟外国语言也有好些相同的地方。" 他接着说,"中国话的短暂口气和结束口气,也是一升一降的。" 接着赵先生第一次提出他的 "代数和" 主张,他说:"耳朵所听见的总语调是那一处地方特别的中性语调加上比较的普通一点的口气语调的代数和。所以虽然加数同而因为被加数不同,得数当然也不同了。" 赵先生接着说,"在极平淡极没有特别口气的时候,语句里头的字调也因为地位的不同而经种种的变化,这些变化我管它叫'中性语调'。"

赵先生在 1929 年提出 "代数和" 的同时,就把音程放大及时间加长跟

---

① 本文刊登在《中国社会科学报》2012 年 7 月 30 日语言学版(A-07)。

重音联系起来，这里的音程就是音域（pitch range）。赵元任在 1932 年《国语语调》中提出用"橡皮带"比喻音程（音域），他说："语调里最要紧的变化就是音程跟时间的放大跟缩小。这种变化最好拿一个机械的比方来解释。"这个"机械"就是"橡皮带"。

"代数和"用于解释一升一降的口气语调与字调等之间的关系，而"橡皮带"比喻音域，以说明重音与声调之间的关系，重音的音域大，轻音的音域小，两者用于不同范畴。

如上所述，赵元任语调学说是：耳朵听到的汉语总语调（实际的音高活动，即通常说的音高曲线）是由语调、声调和中性语调三部分形成的，即耳朵听到的总语调是这三个变量的函数。语调包含重音和语气两个成分，二者缺一不可。语调如何作用于声调和中性语调，就要运用赵元任提出的"代数和"主张和"橡皮带"比喻。赵元任语调学说用下图示意。

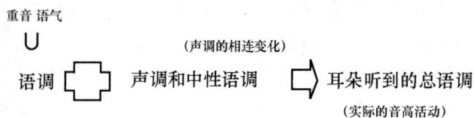

赵元任语调学说的示意

二 "代数和"与边界调

赵先生用例子"我姓王，你姓叶"和"我姓叶，你姓王"说明他的"代数和"是什么。他说："中国话的短暂口气跟结束口气，其实也是一升一降的，在第一例阳平的王字跟去声的叶字它们的字调本是一升一降的，加上语调的一升一降的结果，程度虽然不同，性质还是一样。可是倒过来的时候，叶字去声要降而口气要它提高，王字阳平要提高而口气要它下降，所以结果是一个不很降的去声叶字，不很升的阳平王字，这就是两种因子的代数和。"

由此看到，赵先生的"代数和"有两层意思，第一层是上升语调和下降语调作用于句末音节，第二层意思是上升语调使句末音节的音阶抬高，下降语调使句末音节的音阶降低，但调型不变。这两点是"代数和"的基本含义，是赵元任语调学说的核心内容之一。

我们通过实验看到，区分汉语疑问语气与陈述语气的信息主要存在于短语末了一两个重读音节或首音节。我们把携带着区分陈述与疑问等语气的边界音节的调子叫作边界调。普通话疑问边界调音高的上升和陈述边界调音高的下降有三种方式，人们经常用的一种是：疑问边界调不管是阴平、阳平还是上声和去声，音高的上升是相对于边界音节音高曲线相应部分的上升，而陈述的边界调音高的下降是相对于这个边界音节曲线相应部分的下降，因而，边界调的调型不会因为疑问而改变。赵先生"代数和"主张的科学性被实验所证实。

三　"橡皮带"比喻与重音

赵先生在 1968 年《中国话的文法》一书中提出，从物理学的观点看，有许许多多不同的可以感觉到的重音，但从音位学的观点看，最好分为三种：正常重音、对比重音和弱重音。赵元任定义：所有音节，既没有弱重音，又没有对比重音，那就有正常重音；弱重音就是轻声，因为弱重音音节中的声调已经压缩到零；对比重音不同于正常重音，因为它的音高幅度更宽。

汉语重音如赵先生说的那样，就是"高的更高，低的更低"，音域扩大，像拉橡皮带那样。用"橡皮带"比喻音域既形象又贴切，使中国语音学界较早地就掌握了重音的性质。汉语重读音节音高与声调音高之间是叠加关系：重音落在高调（阴平、阳平和去声）上，把高调音节的高点抬高，落在低调（上声）上，把低调音节的低点音高下压，使这个音节的音域扩大，获得重音，其调型保持不变。

四　感叹语气和命令语气

有关学者研究了感叹语气和命令语气。普通话无标记感叹语气的构成与感知要素是强重音与宽调域。重音的加强与调域的加宽可以使陈述语气向感叹语气转化；同样，重音的显著减弱与调域的显著压缩也可使感叹语气丧失殆尽。命令语气主要体现在边界调。命令边界调的表现跟疑问边界调的表现不同。

五　耳朵听到的总语调是节奏

不少学者看到，汉语短语的音高曲线的特点是一种前"缓升"后"骤降"的态势，是比较典型的焦点型小句的焦点组合方式。

如果语句包含两个和两个以上语调短语时，就有不止一个的重音（包括焦点重音和感叹引起的重音）。语句往往形成重音前的音高比其后面高的音高变化组；当短语的首音节音高与其前面的末音节音高之间有一定差值时，短语之间基频跃变产生了有声波停顿；短语末音节的时长往往拉长，加上边界调的特有音高模式，和可能发生通常说的停顿（无声波停顿）等，形成了语句的实际音高活动。听者从这种实际音高活动中，获得轻重缓急、抑扬顿挫（轻重交替、快慢相间、高低起伏、停顿转折）的节奏感。

六　语调教学

功能语调教学，主要是教好、学好语气和重音。赵先生 1933 年就提出：当一个学习汉语的西方学生正确地说一个句子：

这个东西↗好，那个东西↘坏。

然后又错误地说一个句子：

这个东西↗坏，那个东西↘好。

赵元任认为，"这个学生是仅仅在使用句调，而排斥字调。改正他语调的最基本的办法是告诉他，即使'坏'出现在悬念子句末尾，也应该保持下降的声调，即使'好'出现在结论子句的末尾，也应该保持上升的声调"。赵先生在 80 年前就提出，克服学习者在语气上的洋腔洋调要在末音节（边界调音节）上下功夫。

我们通过实验看到，汉语边界调音高模式是叠加在边界音节音高模式上的，学习者让边界调音高的上升和下降相对于边界音节声调音高曲线相应部分的上升和下降，其语气就对就合适，就不会产生"洋腔洋调"。

我们通过实验看到，汉语重音是叠加在重读音节上的，学习者重读高调（阴平、阳平、去声）时，既要让说出来的音高曲线为山峰，还要让峰顶后面的音节一起念，其音阶下降，形成峰顶后面的音高骤降，产生足够的音高落差；学习者重读低调（上声）时，要让转折点的音高下压得多，觉得"嗓子有点儿卡"，能听到有吱嘎声。这样，学习者说出来的汉语就有轻有重、轻重合适。

七　赵元任语调学说与英语的 AM 语调理论

AM 语调理论是 20 世纪 80 年代发展起来的，是将自主音段音系学（Auto-segmental phonology）与节律音系学（Metrical phonology）相结合，被各种语言广泛接受的理论，包括英语、法语、荷兰语、日语、孟加拉语等在内的不同类型的东西方语言的语调研究依据这个理论都取得了长足进步。这种理论认为，英语语调包含了三类不同的音高事件，即七个音高重调（pitch accents）（有学者认为是五个），两个短语重调（phrase accent）和两个边界调（boundary tone）。其中短语重调的位置介于边界调与最后一个音高重调之间，与边界调一同构成了四种广义的边界调。特别要指出的是，20 世纪 90 年代初期形成了应用 AM 方式标记英语语调的规范系统 ToBI。ToBI 系统应用于语音研究和有关技术，使 AM 方式得到检验并得到发展。

把赵先生语调学说（如示意图所示）跟 AM 语调理论作比较，显然，赵元任提出的汉语语调包含重音和语气两个成分的主张，比英语 AM 语调理论包含音高重调和边界调的观点早了半个世纪；赵先生语调学说不仅提出语调是什么，还提出研究耳朵听到的总语调（实际的音高活动），以及如何克服洋腔洋调等主张。

八　汉语语调研究任重道远

正如马大猷先生所说，"赵元任对汉语语调作了最透彻描述"。赵元任的语调学说不仅为汉语语调研究作了最透彻的描述，也为非声调语言的语调研究指明了方向，具有普通语言学意义。表情语调研究在国际上刚刚起步，赵元任著作中关于表情语调的论述非常丰富，中国学者在这个领域的研究已取得可喜成果，跟国外处于同一起跑线上，中国学者在这个领域是大有作为的。

重音和边界调是叠加在声调上面的，汉语方言和民族语言是声调的宝藏，中国学者对功能语调和表情语调做深入广泛研究，会取得更多、更好、更有影响力的成果！让赵元任的语调学说发扬光大，走向世界！

汉语焦点重音和功能语气及其特征①

林茂灿

　　本文研究的语气是无标记的疑问、陈述、感叹和命令等的功能语气。疑问和陈述的信息主要由短语最后韵律词的末了一两个重读音节携带；这末了一两个重读音节的调子称为边界调，也就是说，疑问语气和陈述语气由边界调携带。疑问边界调和陈述边界调的音高是相对于该音节声调的抬高或下压些，其特征是：[+RaiseTone] or [+LowerTone]。感叹语调的主要表现是强重音，其音高相对其前后，比一般重音有更大的抬高，其特征是：[+RaiseH▲]。命令语气主要体现在最后一个重读音节上，无论句末重读音节是什么声调都会表现为整个语调音高模式中的核心突显，同陈述句相比其音高线明显抬高，其特征写为：[+RaiseTone*]。

　　我们认为，重音由音高引起，时长的作用是第二位的，起辅助作用。重音分窄焦点重音和宽焦点重音，用特征[+RaiseH]和[+LowerL]表示窄焦点重音，用特征[−RaiseH][+LowerL]表示宽焦点。

　　本文指出：窄焦点重音音高曲线的峰和谷，及疑问和陈述边界调的音高抬高和下降，是赵元任说的语调"大波浪"，而除了这些音高的峰和谷及音高的抬高和下降之外的音高活动是"小波浪"。

　　语调（重音和边界调）作用于语篇的韵律结构，加上语句的两种间断（无声波间断和有声波间断）和短语末音节的时长往往拉长，形成了像波浪般的音高曲线；人耳从这种音高曲线中，听到了抑扬顿挫、轻重缓急（轻重交替、快慢相间、高低起伏、停顿转折）的节奏感。所以，焦点重音和边界调是汉语语调的本质和核心。

　　① 本文发表于《中国语音学报》第三辑，2012年，收入本文集时，对上声边界调的疑问上升和陈述下降的表述作了修改。本研究得到中国社会科学院老年科学基金资助。本文画图程序由熊子瑜编写，韵律标注由语音室标音员完成。

一 引言

（一）赵元任的"代数和"主张和"橡皮带"比喻

赵元任（1929）提出"耳朵所听见的总（*resultant*）语调是那一处地方特别的中性语调加上比较普遍的口气语调的代数和"，同时还提出音域与重音之间的关联（见 2002：265）："音程放大及时间加长，其功能是逻辑的重音和心理的重音"；他在附注中说："所谓'放大'就是高的更高，低的更低的意思。"这里的音程就是音域（pitch range）。赵元任在"国语语调"（1932，见 2002：426-434）中提出用"橡皮带"比喻音程（音域），他说："语调里最要紧的变化就是音程跟时间的放大跟缩小。这种变化最好拿一个机械的比方来解释。"这个机械指"橡皮带"。赵先生在他接着举的例子中说："要是一个单字的音程放大并且加长呐（就是把橡皮四面拉紧），那就是代表一种特长的重音。"从这儿看到，赵先生用橡皮带比喻音域，说明重音的机理。也就是说，赵先生在 1929 年提出语调的代数和主张的同时，就把音程放大及时间加长跟重音联系起来；1932 年正式提出用橡皮带比喻音域。

赵元任在《英语语调（附美语变体）与汉语对应语调初探》（1932，见 2002：738）中认为："不同声调和升降调内部的音高范围也是一个由发音力量和声带振动力量所决定的变量。此外，当这些变化改变音高范围时，我们还没有证据说音高变化也会发生等比的改变，仿佛像橡皮带上的图形会随着橡皮带的伸展而放大。" 赵先生在《上加成素》（《语言问题》1968：79-91）中又把音程（音域）跟语句轻重音联系："在一个句子里的速度和音程，凡是比较不要紧的字么，总是快一点，它的音程的范围窄一点，其余要紧的字就慢一点，音程大一点。"

赵元任在《汉语口语语法》（1969，见吕叔湘译本：1979，23-30）中把重音和语调分两节讨论。在§1.3.6"重音"中说："汉语重音首先是扩大音域和持续时长，其次才是增加强度"；在§1.3.7"语调"中讨论"代数和"（上升语调和下降语调对字调的作用），当然也介绍音域问题。

我们认为：赵元任的"代数和"用于解释他说的一升一降的口气语调（林茂灿，2010），用"橡皮带"比喻音域，说明语音的轻重，两者用于不同范畴。

（二）焦点的定义

《语言学词典》（语言学词典编写组，2011）认为："焦点一般分为自然焦点和对比焦点，前者在许多语言中处在句尾，后者可在句中任何位置，用重音或某种语法手段进行标记。" 我们认为，自然焦点是通常说的宽焦点（无焦点），对比焦点是窄焦点。下面用例子说明什么是宽焦点（broad focus）和窄焦点（narrow focus），以及宽窄焦点与音高重音（pitch accent）之间的关系：

（1）你看见的是一只灰狗还是一只猫？我看见了［一只灰**狗**］f。

（Did you see a grey dog or a cat?　I saw　［a grey **dog**］f。）

（2）你看见的是一只灰狗还是一只灰猫？我看见了一只灰［**狗**］f。

（Did you see a grey dog or a grey cat?　I saw a grey　［**dog**］f。）

（3）你看见的是一只灰狗还是一只黑狗？我看见了一只［**灰**］f狗。

（Did you see a grey dog or a black dog?　I saw a　［**grey**］f dog。）

其中，黑体字表示音高重音，方括弧的下标 f 表示方括弧部分为焦点域。（1）是宽焦点，（2）和（3）是窄焦点。（1）中名词短语［一只灰狗］是焦点域，而音高重音落在"狗"上。（2）中，焦点域是"狗"，音高重音也落在它上面。（3）中，焦点域是"灰"，音高重音也落在它上面。（此例子由李智强博士提供。）从这个例子看到，宽焦点是对"发生了什么事件"的回答，而窄焦点是对问题作有针对性的回答，其焦点域与伴随的（窄焦点）高调重音位置相一致；短语末既发生窄焦点重音，也可以是宽焦点。

赵元任（1968，见吕叔湘译本，1979，23-24）提到正常重音时说，"在带正常重音的音节中，其实际轻重程度不是完全相同的，其中最末一个音节最重，其次是第一音节，中间的音节最轻。例如，'好人''注意''山海关''我没懂''东西南北''人人都想去'（按两个短语说，'都'应念阴平）。既然这些重音程度可根据其位置预测，那么它们都是同一音位重音的变体"。从赵元任举的这些例子看，他说的正常重音不仅存在于两音节和三音节词语里，而且存在于四音节词语里，甚至自然地念的"人人都想去"这样的短语也是正常重音。正常重音指自然地说词语时产生的重音效果。我们以为，赵元任的正常重音在句子层面相当于自然焦点（宽焦点重音）。

（三）有关学者关于重音和焦点重音的研究结论

近来我国实验语音学文章也把焦点与重音联系起来，称作焦点重音。焦点重音分宽焦点重音和窄焦点重音。（熊子瑜，2006；贾媛、李爱军、陈轶亚，2008；贾媛、熊子瑜、李爱军，2008）

1. 焦点重音的音高曲线。许毅（Yi Xu，1999）看到：焦点重音对于语句音高曲线的作用形成三个不同的作用域，即焦点前位置、焦点位置和焦点后位置；焦点位置音域扩展，而焦点前位置音域基本保持不变，焦点后位置音域被压缩。陈玉东、吕士楠、杨玉芳（2009）看到：小句重音是一种前"骤升"后"骤降"的态势，是比较典型的焦点型小句的焦点组合方式。

2. 窄焦点重音落在上声和非上声上的音高曲线。我们（林茂灿、颜景助、孙国华，1984：57-73）看到：阴平和去声的起点及阳平的终点越高，上声的转折点压低（对其前面或后面音节的而言），判断为重音的可能性就越大。凌峰也看到：阴平整体、阳平的终点、去声的起点的音高大幅提高并伴随整个音节的加长，上声转折点的音高降低且后接第二个非上声音节的音高大幅提高。（见王洪君，2008：273）熊子瑜（2006：354-360）和贾媛、熊子瑜、李爱军（2008：118-124）研究焦点重音对语句音高作用时看到：窄焦点为阴平、阳平或去声音节时，其音高抬高，后面的下降；焦点为上声音节时，其音高下压，后面的抬高。

3. 宽焦点重音的声学表现。我们（颜景助、林茂灿，1988：227-232）研究普通话三音节词语重音的声学表现时看到：正常重音表现为从首音节到末音节的 F_0 音域位置不断下降，末字音域下限下降尤为明显；末字四声具有较完整的 F_0 模式；末字时长较长，字音强度不一定大。从刘芳和许毅（Fang liu 和 Yi Xu，2005）宽焦点 F_0 曲线（实线部分）看到，其实验句各音节 F_0 逐步下降。

（四）本研究目的和内容

本研究在赵元任语调思想指导下，采用自主音段——节律音系学理论（Autocegmental-metrical phonology theory）研究汉语语调。人们说的短语（或句子）要传递两类信息，一个是关键（焦点）信息，以引起听话人对他说的主要内容的关注，另一个信息是传递说话人的说话态度——疑问、陈述、感叹还是命令（及感情等）。焦点（关键）信息体现于焦点重音，而听话人从说话人的语气（陈述、疑问、感叹和命令），知道说话人的说话态度。

我们认为，短语（或句子）音高（F_0）曲线受重音和边界调两个要素（变量，下同）制约。本文探讨短语（或句子）音高（F_0）曲线如何受和怎么受这两个要素制约，这两个要素的声学表现和特征是什么。本文分两个部分，一部分是研究焦点重音及其特征，另一部分是论述无标记功能语调及其特征。

二 焦点重音及其特征

（一）研究材料和方法

1. 研究材料 《普通话语音知识》（徐世荣，1980）第八讲的"语句重音"中"短语自成一个意群"（甲）部分，给出重音与主谓、主谓宾、主谓补、主谓补宾、定语、状语，递系式和包孕式等的句法关系。《汉语语句韵律的语法功能》（叶军，2001：32）研究了句法结构中的重音分布，认为徐先生关于"意群重音"的说法"基本上为他的语料分析所证实"。《新编普通话教程》（吴洁敏，2003）第十一章"普通话的重音"中，给出重音和语义关系以及对比重音的不少例子。我们用徐世荣和吴洁敏二位先生提供的例句研究汉语焦点重音的声学性质。

　　请四位（二男二女）中国传媒大学播音系同学，在中国社会科学院语言研究所录音室，分别念徐先生书中给的短语或句子和吴先生的 132 句，共 528 句（132×4）。徐先生和吴先生在书中标出了短语或句子重音位置。如徐先生认为简单的主谓和主谓宾短语，如"你来""今天星期三""青蛙会跳"和"农民学文化"的重音在短语末，我们让发音人分别用宽焦点念这几个短语，其他短语或句子以窄焦点念（如："这儿凉快"中"这儿"是窄焦点）。我们用这些语料探讨宽焦点重音和窄焦点重音在声学上各有什么表现。

　　2. 研究方法

　　（1）韵律标注　发音人念的 528 个短语或句子，采用语音软件 Praat4.4 所提供的标注工具，按 C-ToBe（Li，Aijun，2002），标音员标注单音节和语句的音段信息和声调等信息。标音时，标音员根据宽带语图和听感，确定句子各音节的声母和韵母以及静寂段的界限（清声母如果浊化了，则归入韵母），并用汉语拼音标注音节的声母和韵母，用 1、2、3、4 和 0 分别标示阴平、阳平、上声、去声和轻声。用语音软件 Praat 分析单音节和句子的音高数据，并根据窄带语图及波形对自动提取出来的音高数据进行人工检查：剔除音高数据中出现的散点，修改音高数据中的错点，添补音高数据中出现的漏点。基于音段标注数据和修改后的音高数据，Praat 执行一个专门设计的提取数据脚本，得到如图 1 那样的图和所需数据。

　　（2）韵律结构　我们从声学语音学出发，认为语篇在音节之上有韵律词、复合韵律词、韵律短语和句子，共四个单元和层次。声学语音学的韵律单元跟王洪君（2008：248-313）句法韵律单位和纯韵律单位不同。

　　普通话语句中有两种人们可以感觉到的间断：无声波间断（break with silent pause）和有声波间断（break with filled pause）。韵律词指听辨试验中，听音人认为是紧密地连在一起的音节组。（林茂灿，2000；林茂灿，2002）韵律词两音节的最多，还有单音节和三音节，个别为四音节。韵律词通常是词汇词，还有词与其他词或词素黏合和组合的。朱德熙先生于 1982 年提出黏合和组合概念（见王洪君，2008：131）。王茂林（2003：17-33）用组合关系和附着关系讨论韵律组块。

　　徐先生用的句子都不长，多数是小句，相当于韵律短语（语调短语）；这儿的韵律短语通常包含两个韵律词，或一个韵律词和一个复合韵律词，或两个复合韵律词；它们之间有大的无声间断，相当于李爱军（2001a）说的"次要韵律短语后感知到的间断比韵律词后的大"。复合韵律词通常由两个韵律词组成，它们之间结合得较紧，这是因为听韵律词后感知到的间断

（break）很小（李爱军，2001b）。句子里如有一个无声停顿（通常说的停顿），这个句子分成两个韵律短语。

（3）重音与音域　赵元任 1968 年提出（见吕叔湘译本，1979：23-24）："汉语重音首先是扩大音域和持续时长，其次才是增加强度。因而，第三声重读时会降得更低些，第四声重读时起点更高些，降得更低些。"我们（林茂灿、颜景助、孙国华，1984：57-73）看到：阴平和去声的起点及阳平的终点越高，上声的转折点下压（对其前面或后面的字音而言），判断为重音的可能性就越大。沈炯（1985：101）在"音域的上限"中提出：音域的上限是跟语义的加强有关的。我们（颜景助、林茂灿，1988：227-232）研究普通话三音节词语重音的声学表现时看到：正常重音表现为从首音节到末音节，音节 F_0 音域位置不断下降，音域下限下降尤为明显；末音节四声具有较完整的 F_0 模式；末音节时长较长，音节强度不一定大。而加强重音表现为首音节或中音节 F_0 音域加宽；其强度可能加大，但时长不一定加长。吴宗济（1988/2004：282）看到：不同语调对这些基本单元（多音节连读变调）一般只影响它的调域，而不是它的调型，这里的调域是指音高频率变动的幅度。沈炯（1994：15）进一步指出：语势重音的音理是声调音域高音线上移，它使声调音域向上扩张。凌峰在硕士论文中指出：句层面重音在普通话中的韵律表现是声调音域突然展宽，具体说就是阴平整体、阳平的终点、去声的起点的音高大幅度提升伴随整个音节的加长，上声折点的音高降低伴随着整个音节加长且后接第二个非上声音节的音高大幅提高。（见王洪君，2008：273）熊子瑜（2006：354-360）和贾媛、熊子瑜、李爱军（2008：118-124）看到：当焦点重音落在上声音节时，对该音节 L 调的音阶没有显著的改变作用，但会在一定程度上抬升紧跟其后的 H 调音阶。

总的来说，汉语重音体现于音节音高的音域，音越重，其音域越大：阴平的整体、去声的起点及阳平的终点抬高，上声的转折点（相对其前后音节）低一些。

（4）方框与音域　吴宗济（1993/2004：313）用虚线把基本调群框起来，表示其调域大小及其变化。如图 1 音高曲线（中部）上用方框表示韵律词和复合韵律词由哪几个音节组成；方框的高度表示它们所含音节音高最大值与最小值之差，即音域：方框高度越大，表示其音域大，反之则反是；用方框中包含的几个音节音高的平均值，表示方框所代表韵律词和复合韵律词的音阶（位置）高低。音阶（音域位置）高和音域大的重，或音域大很多的重，或音阶大很多的重。两个音的音域一样，音阶高的，听起来重些；两个音的音阶一样，音域大的重。图中画出复合韵律词的方框表示复合韵律词所包含的两三个韵律词结合得较紧。

（5）突显与重音　"重音是语言学名词，在语音学上的对应物是突显。突显指一个语音在它前后的语音中显得比较突出的程度"（见《语言与语言学词典》，黄长著、林书武、魏志强和周绍珩译，1981：281）。《语音学和音系学词典》（词典翻译组译，2000：215）也指出，突显是"一个音节区别于其相邻音节的特征"，"这种突显在音系使用中叫作重音"；突显是"通过几个语音特征中的任何一个表现出来的，例如响度强，时长大，音调高或低，音阶分量大，或声道离中性位置远"。《现代语言学词典》（沈家煊译，2000：288）认为："突显是听觉语音学术语，指一个音或音节在其环境中比其他音或音节突出的程度，音长、音高、重音和固有音响等变化都是影响一个单位相对突显的因素。"

（6）从突显的相对性出发研究重音　本研究比较短语中某一两个音节音高的音阶和音域在韵律结构中的相对高低和大小，以及这一两个音节相对于其前后音节的相对时长；我们根据音高的音域和音阶，以及音节带音段时长，确定这一两个音节相对其前后音节的突显程度，从而寻找重音的声学关联物。

我们认为：轻重音主要影响音里的带音段时长，它对清辅音声母时长影响小，或没有什么影响。轻声（轻音）时长较重音的大大缩短，就是指带音段时长的大大缩短。我们说一个音节比另一个音节长，是指这个音节的带音段比另一带音段长，即使清声母时长有明显差别。

正常重音与元音强度没有什么关联，这个问题的论述见：《汉语语调实验研究》（林茂灿，2012）附录 2 "元音固有强度"。

（二）研究结果

四位发音人念的短语或句子重音有如下声学表现。

窄焦点重音落在阴平，阳平或去声音节时，其音高高点明显抬高，音域加大，时长往往长（即不一定总是长），短语音高曲线呈凸型，凸处之前的音高比其后面的高（凸处之前缓升，凸处之后急降），这种窄焦点重音的音高特征是：［+RaiseH］；窄焦点重音落在上声音节时，其转折点（相对其前后音节）低一些，时长一定长，短语音高曲线在上声音节处呈凹型，凹处之前的音高往往比凹处之后的高，这种窄焦点重音的音高特征是：［+LowerL］，时长一定长。窄焦点重音如果落在短语起始音节或末了音节，其音高曲线的凸峰或凹谷发生在短语左端或右端。汉语窄焦点重音音高与声调音高是叠加关系，如图 15（右）所示。

宽焦点短语中各韵律词高音点逐渐下降，最后韵律词音域较大，时长长，其特征是：［-RaiseH］&［+LowerL］，它给人以"重音居末"的感觉。

本研究语料中，"重音居末"多数是短语末音节重，有个别重涉及短语末了动词所包含的成分，例如：图8"你来"和"今天星期三"，发音人念的宽焦点重音在"今天"和"星期三"上。冯胜利（1997，见叶军，2001：32）对"重音居末"进行了解释。

　　宽焦点"重"的感觉是明显程度大、清晰程度高，而窄焦点给的感觉是突显，两者属于不同性质的语音学范畴。

　　本研究认为，窄焦点重音是音高重音，因为它由一两个音节音高相对其前后的抬高或压低引起，而宽焦点重音是非音高重音，短语韵律词高音点逐渐下降，最后韵律词音域大。音高对重音的作用是关键性的，第一位的，而时长是第二位的，起辅助作用。

　　下面用发音人Z来说明本研究结果。从突显相对性出发，先分析为什么那一两个音节重，然后讨论它是宽焦点重音还是窄焦点重音，窄焦点重音又分它是落在上声音节上，还是落在非上声音节上，因为两者的表现不一样。

　　1. 窄焦点

　　（1）窄焦点音节为阴平、阳平（包括"上上相连"变成的阳平）或去声时，短语音高曲线为凸型：

　　图1（左）"谁讲故事？"分成韵律词"谁"和"讲故事"。"谁"音阶

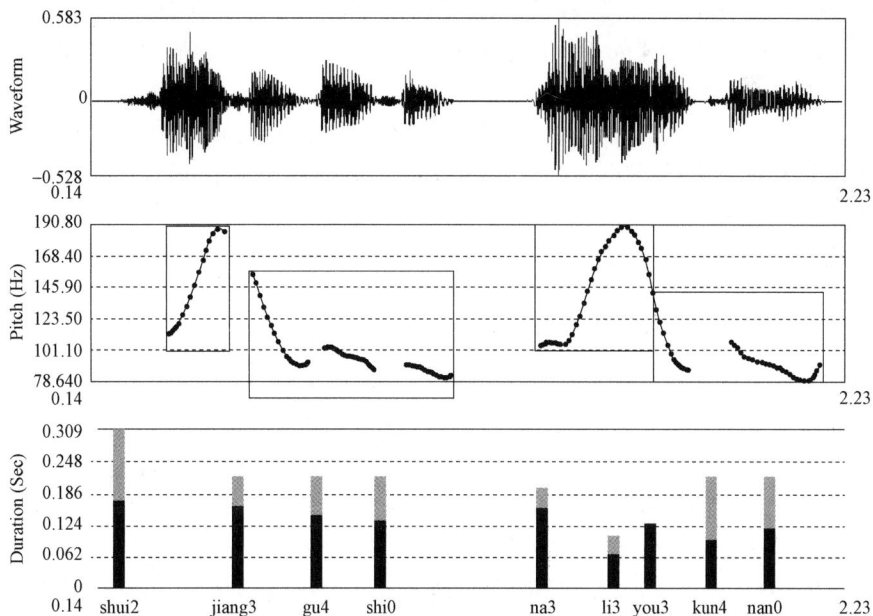

图1　"谁讲故事？"（左边）和"哪里有困难？"（右边）各音节的波形（上部），音高曲线和表示韵律词的方框（中部），时长（下部）

和音域比其后接成分"讲故事"高大，因而，"谁"突显：重。"谁"是这个短语的重音。"谁"重由其音高引起，时长不起多大作用，因为其带音段时长比"讲"只长一点点。

在"谁讲故事？"中，"谁"高音点比其后面的高，音域大，短语音高曲线在"谁"处呈凸型，凸峰在短语首音节，其后的音高逐步下降。这是窄焦点重音落在阳平上的声学表现。

图 1（右）"哪里有困难？"分成两个韵律词："哪里"和"有困难"。"哪里"音阶和音域比其后接成分"有困难"高大，因而，"哪里"突显：重。"哪里"的"哪"时长比"里"长，更重。"哪里"是这个短语的重音。

"哪里有"三个上声音节连读，音系上是：阳平+阳平+上声；现在的语音表现是："哪"音高曲线呈阳平那样的降升（降小升大），时长长，"里"和"有"音高一起下降，这是因为"有"音高要低，它逆向作用使"里"音高也下降。

在"哪里有困难？"中，"哪"高音点比其后面的高，音域大，时长长，短语音高曲线在"哪"呈凸型，凸峰在短语首音节，其后的音高逐步下降。这也是窄焦点重音落在阳平上的声学表现。

图 2（左）中，"花儿干死了"分成两个韵律词："花儿"和"干死了"。"干死了"音阶和音域比其前接成分"花儿"高大，而在"干死了"中，"干"音阶比其后接成分"死了"高，时长长，因而，"干"突显：重。"干"是这个短语的重音。

在"花儿干死了"中，"干"高音点音高比起前后的高、音域大，短语音高曲线在"干"呈凸型，凸峰在短语中部，其后面的音高比前面的低。这是窄焦点重音落在阴平上的声学表现。"干"重由其高音点音高比起前后的高、音域大引起，其时长不起作用，因为其带音段时长比"花"短一些。

图 2（右）"我急死了。"分成两个韵律词："我急"和"死了"。"我急"音阶和音域比其后接成分"死了"高大，而在 "我急"中，"急"音阶高，时长长，因而，"急"突显：重。"急"是这个短语的重音。

在"我急死了。"中，"急"高音点音高比起前后的高、音域大、时长长，短语音高曲线在"急"呈凸型，凸峰在短语中部，其后面的音高比前面的低。这是窄焦点重音落在阳平上的声学表现。

图 3（左）中，"张书记热情地招待。"分成韵律词"张书记"和复合韵律词"热情地招待"。"热情地"和"招待"组成复合韵律词。"热情地招待"音域比其前接"张书记"大，而在"热情地招待"中，"热情"

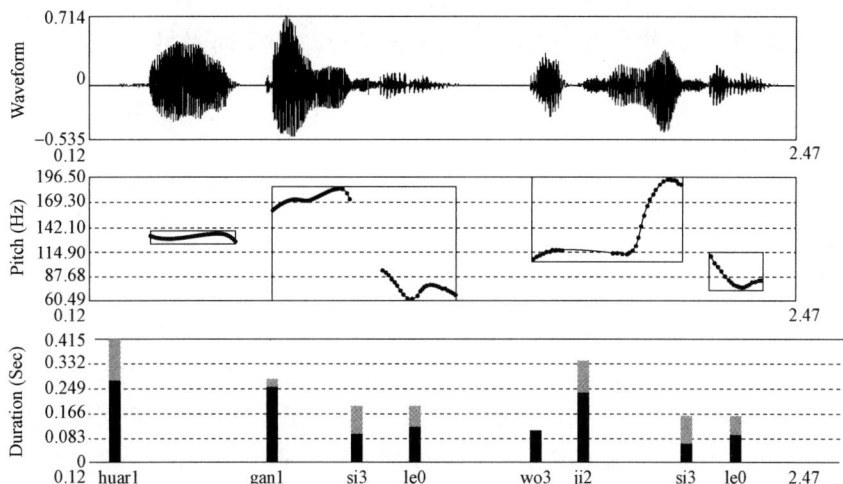

图2 "花儿干死了"（左边）和"我急死了。"（右边）各音节的波形（上部），
音高曲线及表示韵律词的方框（中部）和时长（下部）

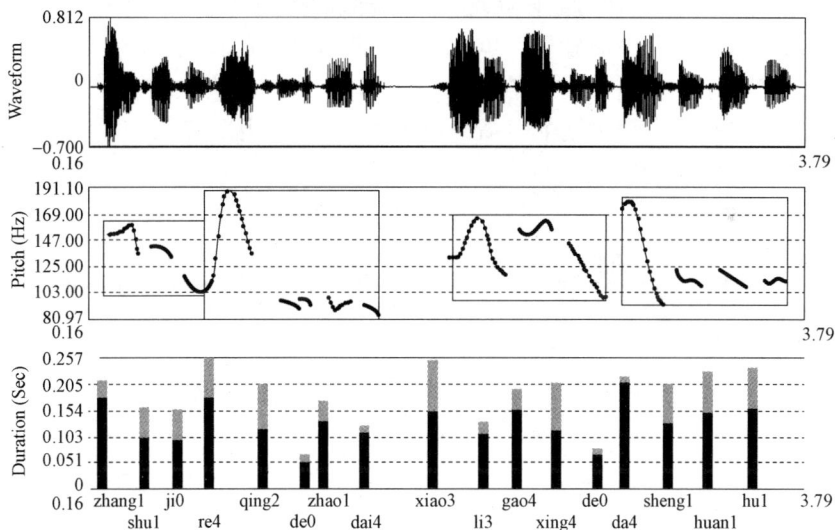

图3 "张书记热情地招待。"（前部）和"小李高兴得大声欢呼。"（后部）各音节的波
形（上部），音高曲线及表示韵律词的方框（中部）和时长（下部）

音阶和音域比其后接成分"地招待"高大，因而，"热情"突显：重。"热"
比"情"更重。"热情"是这个短语的重音。"热"重由音阶和音域比其
后接成分"地招待"高大引起，时长没起什么作用，因为"热"带音段时
长不比"张"长。

图3（右）"小李高兴得大声欢呼。"分成两个复合韵律词："小李高兴

得"和"大声欢呼"。"小李"和"高兴得"及"大声"和"欢呼"组成的复合韵律词。"大声欢呼"音域比其前接成分"小李高兴得"高大,而在"大声欢呼"中,"大声"音域和音阶比其后接成分"欢呼"高大、时长长,因而,"大声"突显:重。"大"比"声"更重。"大声"是这个短语的重音。

　　这两个短语中,"热"和"大"高音点分别比其前后的高、音域大、时长长。这是窄焦点重音落在去声"热"和"大"处,使短语音高曲线呈山峰(凸)型。

　　图 4(左)中,"你快告诉我。"分成两个韵律词:"你快"和"告诉我"。"你快"音阶和音域比其后接"告诉我"高大,而在"你快"中,"快"音阶比其前接成分"你"高,因而,"快"突显:重。"你快"的"你"虽是上声字,但时长念得短,音高没什么变化,听起来不突显。"快"是这个短语的重音。"快"重由音高引起,时长没起多大作用,因为"快"带音段时长比"诉"短些。

　　图 4(右)"老师傅最喜欢这个。"分成韵律词"老师傅"和复合韵律词"最喜欢这个"。"最喜欢"和"这个"组成复合韵律词。"最喜欢这个"音阶和音域比其前接成分"老师傅"高大,而在"最喜欢这个"中,"最"比其后接"喜欢"和"这个"高大得多、时长长,因而,"最"突显:重。"最"是这个短语的重音。

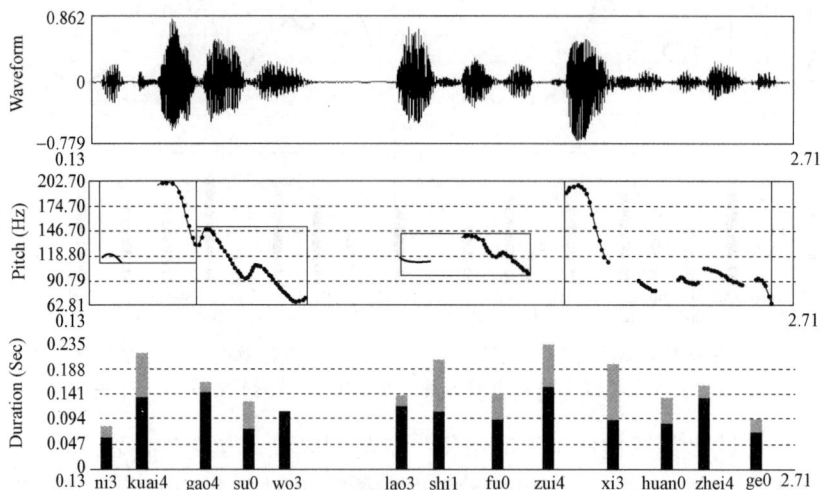

图 4 "你快告诉我。"(前部)和"老师傅最喜欢这个。"(后部)各音节的波形(上部),
音高曲线及表示韵律词的方框(中部)和时长(下部)

　　这两个短语中,"快"和"最"高音点分别比起前后的高,音域大,时长也长，短语音高曲线在"快"和"最"处呈山峰型，高峰后的音高比其前面的低。这是窄焦点重音落在去声上的声学表现。

从图2看到，窄焦点重音落在起始的阳平音节时，其音高曲线的凸处在左端，然后很快下降；从图3和图4看到，窄焦点重音落在中部阴平，阳平或去声音节时，短语音高曲线呈凸型，凸处之前（缓升）的音高比其后面（急降）的高，这种窄焦点重音的音高特征是：[+RaiseH]。

（2）窄焦点音节为上声时，音高曲线在上声音节处呈山谷（凹）型：

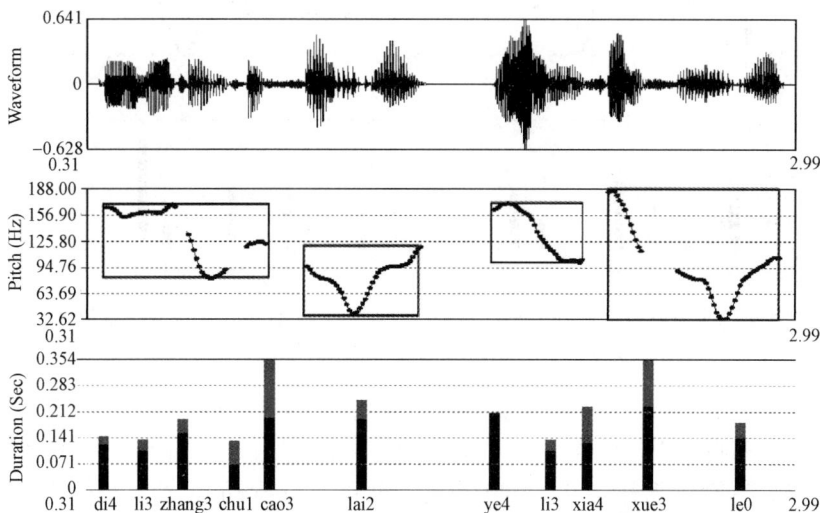

图5 "地里长出草来。"（前部）和"夜里下雪了。"（后部）各音节的波形（上部），音高曲线及表示韵律词的方框（中部）和时长（下部）

图 5（左）中，"地里长出草来。"分成复合韵律词"地里长出"和韵律词"草来"。"地里"和"长出"组成复合韵律词。"草来"的"草"和"长出"的"长"都是上声，"草"低降升的音阶比"长"的低，"草"比"长"时长长，因而，"草"突显：重。"草"是这个短语的重音。

图5（右）"夜里下雪了。"分成两个韵律词："夜里"和"下雪了"。"下雪了"音阶和音域比其前接成分"夜里"高大，而在"下雪了"中，"雪"上声低降升，其音阶比其后接成分"了"低，比其前接"下"更低，因而，"雪"突显：重。"雪"是这个短语的重音。

在"地里长出"中，"里"和"长"两个上声连读，"里"音高上升，"长"低降。在"地里长出草来。"和"夜里下雪了。"中，"草"和"雪"是上声，其音高低降（突降）升，时长长，短语音高曲线分别在"草"和"雪"处像漏斗形（基频突然降低），"有嗓子有点儿卡的感觉"，音高曲线呈凹型。这是窄焦点落在上声处的声学表现。

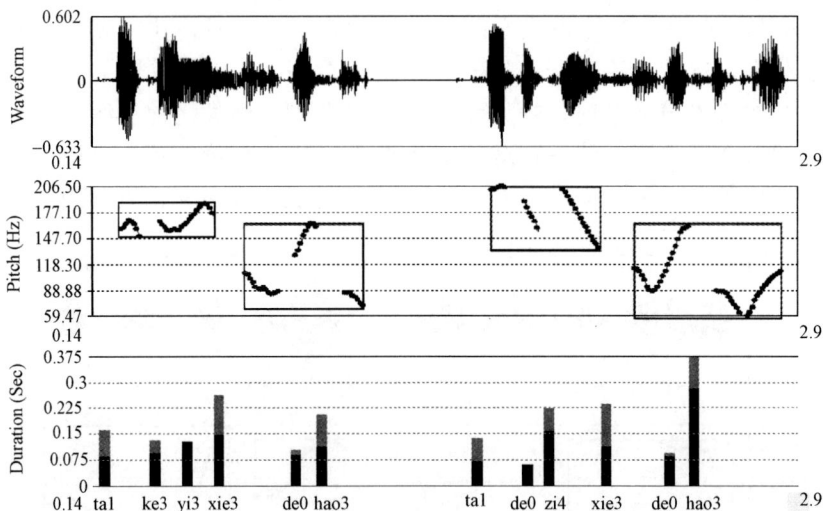

图 6　"他可以写得好。"（前部）和"他的字写得好。"（后部）各音节的波形（上部），
音高曲线及表示韵律词的方框（中部）和时长（下部）

　　图 6（左）中，"他可以写得好。"分成两个韵律词："他可以"和"写得好"。"写得好"音域比其前接成分"他可以"大；在"写得好"中，"写"是上声，音高低降升略升（转折点前有小幅音高扰动），使其整个韵律词音阶低。在韵律短语中，"写"比其后接"得"低，比其前接"可以"更低，"写"时长长；"好"音阶比"写"低，是因为它处于短语末音节，轻读了，"好"时长比"写"短些，因而，"写"突显：重。"写"是这个短语的重音。

　　在"他可以写得好。"中，"写"低降略升，转折点前有小幅音高扰动，时长在短语中最长，音高曲线也是凹型。这是窄焦点重音落在上声上的一种声学表现。

　　"他可以写得好。"中，"可""以"和"写"三个上声连读了；从音系上说，这三个音节音高应是：半上+阳平+全上。由于"他"阴平，音高高，顺向作用把其后接"可"（半上）音阶抬高，因而，"他可以"音阶高；"写"上声低降升，使其后接"得"（轻声）音高抬高。

　　图 6（右）"他的字写得好。"分成两个韵律词："他可以"和"写得好"。"写得好"音域比其前接成分"他的字"的大；"写得好"中，"写"和"好"都是上声，因而，"写得好"音阶低；在"写得好"中，"好"音阶比"写"低，时长比"写"长，因而，"写"突显：重。"好"是这

个短语的重音。

"他可以写得好。"中，"好"低降升，时长长，使音高曲线在"写"处像漏斗形（基频突然降低），"嗓子有点儿卡的感觉"，音高曲线呈凹型。这是窄焦点重音落在上声上的声学表现。

图7（左）中，"不早了，我想起来了。"分成两个短语："不早了"和"我想起来了"。"不早了"是一个短语，它由一个韵律词组成。在"不早了"中，"早"上声，音高低降升，时长长，"早"突显：重。"早"是这个短语的重音。

"我想起来了"分成两个韵律词："我想"和"起来了"。"我""想"和"起"三个音节都是上声，它们连读后，"起"低调，其前接"想"变成上升调；"我"受其后接"想"上升调的逆向作用，也有点上升。三个上声连读变调可以跨过韵律词边界。在"我想起来了"中，"起"上声，音高低降升，因而，"起"突显：重。"起"是短语"我想起来了"的重音。

在"不早了，我想起来了"句子中，"早"和"起"都是上声音节，"起"音阶比"早"低，因而，"起"是句子主要重音，"早"是次要重音。

在"不早了，"和"我想起来了。"中，"早"和"起"音高低降升，使短语音高曲线分别在"早"和"起"处像漏斗形（基频突然降低），曲线呈凹型。这是在窄焦点落在上声上的声学表现。

图7（右）中，"我想起来了，钱在包里。"分成两个短语："我想起来了"和"钱在包里"。"我想起来了"分成两个韵律词："我想"和"起来了"。"我""想"和"起"跟前面一样，三个上声连读变调跨过韵律词边界。在"我想起来了"中，"我想"音阶比其后接成分"起来了"高，而在"我想"中，"想"音阶和音域比其前接"我"高大，时长长，因而，"想"突显：重。"想"是这个短语的重音。

"钱在包里"分成两个韵律词："钱在"和"包里"。在"钱在包里"中，"包里"音阶和音域比其前接成分"钱在"高大些，而在"包里"中，"包"音阶和音域比其前接成分"钱在"高大，时长长，因而，"包"突显：重。"包"是这个短语的重音。

在"我想起来了，钱在包里。"句子中，"想"音阶比"包"高，因而，"想"是这个句子主要重音，"包"是次要重音。

在"我想起来了"中，音高曲线在"想"处像漏斗形（基频突然降低），曲线呈凹型。这是窄焦点重音落在上声上的声学表现。"钱在包里"，重音落在"包"上，短语音高曲线呈凸型，这是窄焦点重音落在阴平上的声学表现。

在"我想起来了"中，"我想起"三个音节都是上声，音系是"上阳上"，重音落在"起"上，表示"要起床"，而落在"想"上，表示"回忆起来了"，其意义不同。

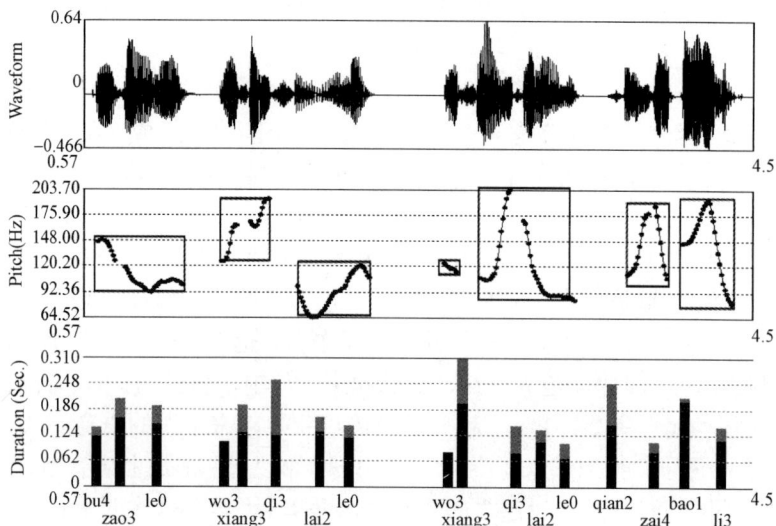

图 7　"不早了，我想起来了。"和"我想起来了，钱在包里。"各音节的波形（上部），音高曲线及表示韵律词的方框（中部）和时长（下部）

从图 5、图 6 和图 7 看到，窄焦点落在上声上，上声音节听起来重有两种声学表现。一种因上声的低点下压很多，音高曲线像漏斗，形成凹型，另一种是上声低点下压，音高曲线为低降略升，转折处有小幅音高起伏，时长是短语中最长，音高曲线也是凹型。总体来说，窄焦点落在上声上，上声音节重，音高低降升，时长长，其特征是：[＋LowerL]。

2. 宽焦点

短语用宽焦点说时，短语所包含韵律成分的音域上限没有抬高，末了韵律成分的音域下限明显下降。

图 8（左边）"你来"是韵律词，也是短语。"来"音高曲拱没有上升到阳平调应有高度，时长长，听起来"来"清晰、明显。"你来"是主谓结构，谓语"来"比主语清晰、明显。从图 8（右边）"今天星期三"音高曲线看到，短语"今天星期三"分为两个韵律词"今天"和"星期三"，因为它们之间有小的间断。"星期三"的高音点比"今天"低一些，在"星期三"中，"三"时长长。听起来"星期三"比"今天"清晰、明显，"三"更清晰、明显。"今天星期三"是主谓结构，谓语"星期三"比主语"今天"清晰、明显，"三"更清晰、明显。

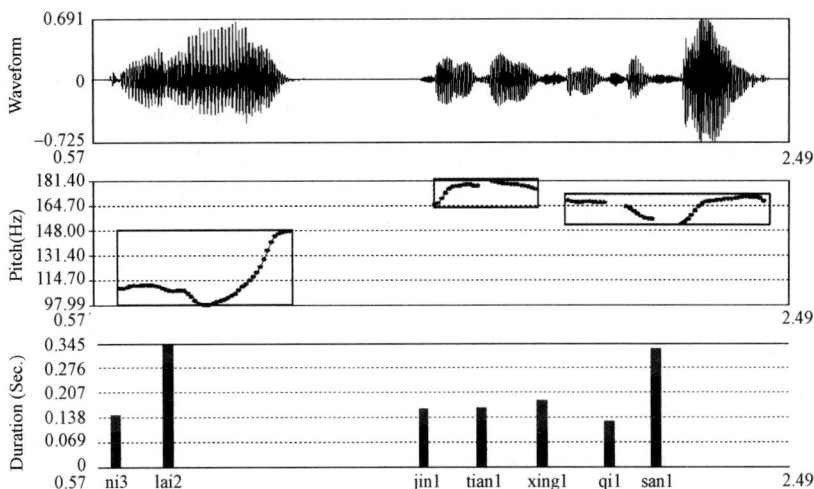

图 8　"你来。"（左边）和"今天星期三。"（右边）各音节的波形（上部），音高曲线及
表示韵律词的方框（中部）和时长（下部）

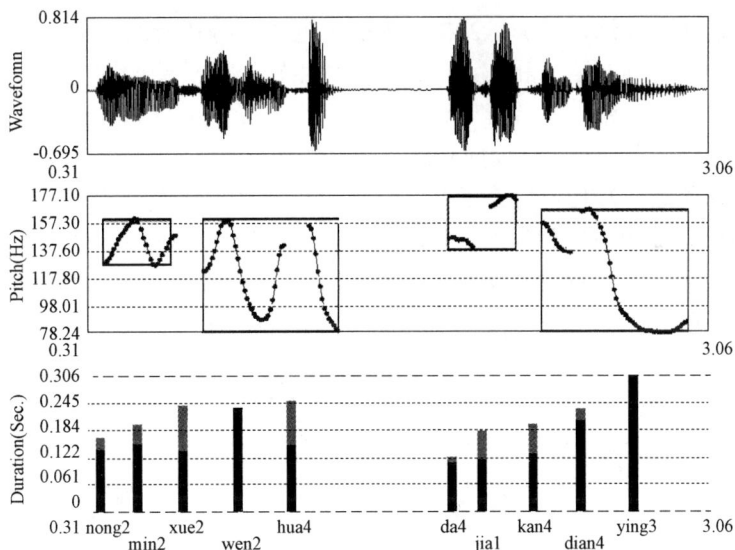

图 9　"农民学文化。"（左边）和"大家看电影。"（右边）各音节的波形（上部），音高
曲线及表示韵律词的方框（中部）和时长（下部）

　　图 9（左）短语"农民学文化。"分为两个韵律词"农民"和"学文
化"，因为它们之间有小间断。从"农民学文化"的音高曲线看到，"学
文化"高音点跟"农民"比没有什么抬高，而"学文化"音域下限比"农
民"低很多；"学文化"的音域比"农民"大。在"学文化"中，"文化"
的音域比"学"大，其时长长，"文化"明显。"农民学文化"是主谓宾结构，宾语"文化"重。

图 9（右）短语"大家看电影。"分为两个韵律词"大家"和"看电影"，因为它们之间有小间断。"看电影"高音点比"大家"的降低，而"看电影"低音点比"大家"低很多；"看电影"的音域比"大家"大。在"看电影"中，"电影"音域比"看"大，其时长长。听起来"电影"清晰、明显。"大家看电影"是主谓宾结构，宾语"电影"比主语"大家"及谓语"学"清晰、明显：重。

"你来。"和"今天星期三。"是简单主谓句，"农民学文化。"和"大家看电影。"是简单主谓宾句子。宽焦点短语所包含韵律成分的高音点没有抬高，后面韵律成分的音域下限明显下降；各韵律词音阶逐渐下降，最后韵律词音域较大，它给人以末了一两个音节"重"的感觉。它的语音特征是：[−RaiseH]［+LowerL］。

三　功能语气及其特征

我们（林茂灿，2004、2006、2008）通过"分段听辨试验"和"合成听辨实验"看到，疑问和陈述的信息主要由短语最后韵律词的末了一两个音节（重读）携带，其首音节也可携带；由于疑问信息和陈述信息存在于短语的边界音节，把区分疑问和陈述信息的边界音调（tone），称为边界调；我们（林茂灿，2012）讨论了疑问语气落在轻声音节的问题。

孙楠昊（2006）看到，句末的轻声音节，如遇到疑问语气作用，轻声音节就重读了；疑问语气落在轻声音节上，轻声性质要发生变化。图 10 给出 S（男）念的"五号的？"与"五号的。"和"重庆的？"与"重庆的。"

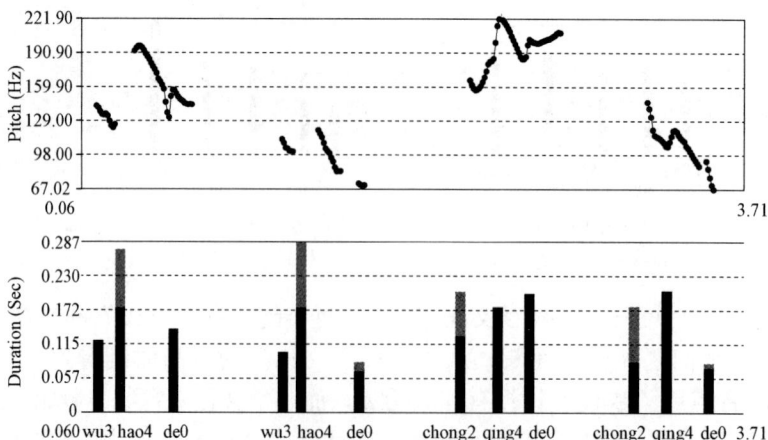

图 10　"五号的？"（左）与"五号的。"（中左）和"重庆的？（中右）"与"重庆的。"（右）音高曲线（上）和时长（下）

F0 曲拱及相对时长。从图 10 看到，"五号的。"（中左）和"重庆的。"（右）中"的"音高曲拱随其前音节的下降，显示其轻声性质，而"五号的？"（左）和"重庆的？"（中右）的"的"，因疑问使 F0 曲线斜率增大、音阶抬高，携带了疑问语气。图 10 说明，当疑问语气落在轻声音节时，其音阶抬高，斜率加大，时长加长，即疑问语气落到了轻声音节上，它原先的轻声性质改变了，听起来也重了。

我们（林茂灿和吴宗济，2010，见林茂灿，2012）探讨了疑问和陈述边界调音高模式与声调音高模式之间的关系，给出了疑问和陈述的语音特征。无标志感叹语调和命令语调引用有关学者的研究结果，也给出其特征。

（一）语料

Ho（1977）用陈述句"这个字读作 x。"和疑问句"这个字读作 x？"，而 x 分别为"猜、才、彩、菜；搭、答、打、大；滔、逃、讨、套；摘、宅、窄、债"16 个字，研究汉语语调与声调之间的关系。具体实验如下：发音人男女各两位，他们是中国传媒大学播音系学生。单字"猜、才、彩、菜；搭、答、打、大；滔、逃、讨、套；摘、宅、窄、债"16 个，每个字出现三次并打乱。发音人自然地读出每个汉字，得到单音节库。把这 16 个汉字分别嵌入陈述句"这个字读作 x。"和疑问句"这个字读作 x？"，形成 32 个句子。每个句子出现三次并打乱。发音人自然地读出每个疑问句和陈述句，得到句子库。

（二）结果

1. 音高曲线形状

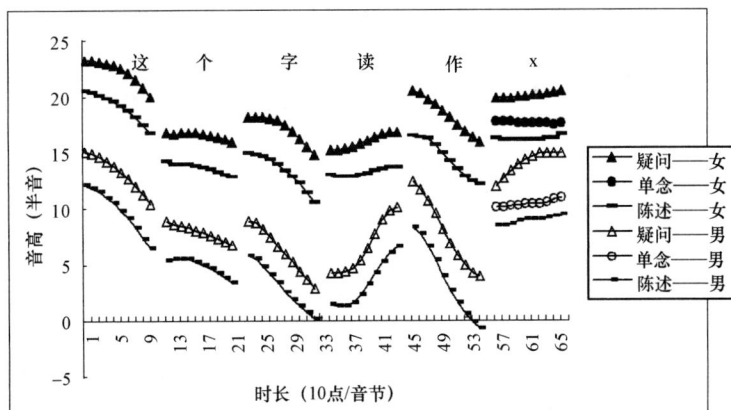

图 11　男女发音人念"这个字读作 x"，而 x 为阴平的疑问语调和
陈述语调各音节平均音高曲拱，和 x 单念的平均音高曲拱

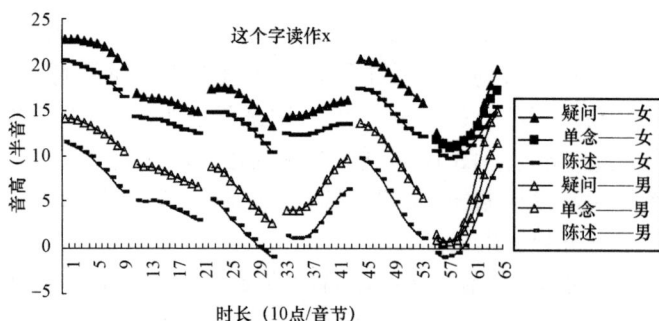

图 12 男女发音人念"这个字读作 x",而 x 为阳平的疑问语调和
陈述语调各音节平均音高曲拱,和 x 单念的平均音高曲拱

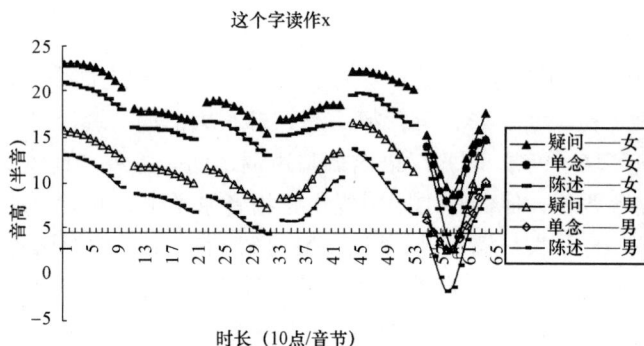

图 13 男女发音人念"这个字读作 x",而 x 为上声的疑问语调和
陈述语调各音节平均音高曲拱,和 x 单念的平均音高曲拱

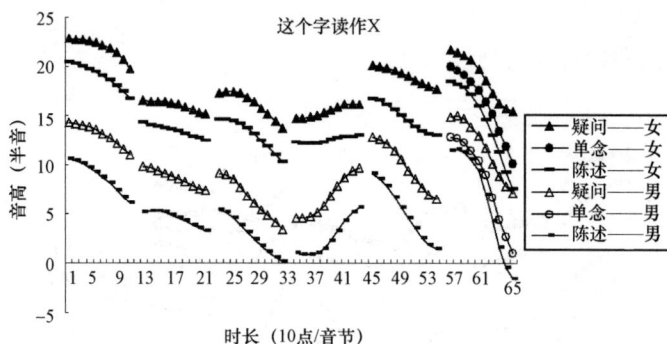

图 14 男女发音人念"这个字读作 x",而 x 为去声的疑问语调和
陈述语调各音节的平均音高曲拱,和 x 单念的平均音高曲拱

　　图 11、图 12、图 13 和图 14 是男女发音人的疑问和陈述句末音节 x 平
均音高曲线和单念 x 的平均音高曲线。

　　从图 11 看到,阴平的疑问句末音节平均音高曲线的起点比单念的
高,终点更高(男发音人的阴平疑问终点比单念的高很多,由于其曲线

缓慢上升，听起来仍属于阴平范畴）；陈述句末音节起点音高的平均值比单念的低，终点不比单念的低，但发音人多数终点音高值比单念的低。从图 12 看到，阳平末音节音高曲线为低降升。阳平的疑问句末音节 x 平均音高曲线的起点（低降部分，下同）比单念的高，终点更高；其陈述句末音节 x 平均音高曲线的起点比单念的低，终点更低。从图 13 看到，上声的疑问句末音节 x 平均音高曲线的起点比单念的高，转折点也比单念的高，终点比单念的更高；其陈述句末音节 x 平均音高曲线的起点比单念的低，转折点比单念的低得多，终点比单念的低。从图 14 看到，去声的疑问句末音节 x 平均音高曲线的起点比单念的高，终点更高；其陈述句末音节 x 平均音高曲线的起点比单念的低，终点更低。

　　总体来说，边界音节音高是阴平、阳平和去声时，其疑问音高曲线的起点是相对于该边界音节声调起点的抬高，终点抬得更高；边界音节音高是阴平、阳平和去声时，陈述音高曲线的起点是相对于该边界音节声调起点的降低，终点降得更低。

　　边界音节音高为上声的，其疑问音高曲线起点是相对于该边界音节声调的起点抬高，转折点也抬高，终点抬得更高；边界调音高是上声时，陈述音高曲线的起点和终点都相对于该边界音节声调起点和终点的降低，转折点降得更低。

　　图 15（左）说明汉语边界调与声调之间的叠加关系：疑问边界调为阴平、阳平和去声音高的上升，是其音高曲线相对于该边界音节声调音高的上升（起点抬高，终点抬得更高），边界调为上声音高的上升，是其转折点后的音高曲线相对于该上声边界音节相应部分的上升（起点和转折点抬高，终点抬得更高），调型都保持不变；陈述边界调为阴平、阳平和去声音高的下降，是其音高曲线相对于该边界音节声调的下降（起点下降，终点降得更低），陈述边界调为上声音高的下降，是其音高曲线起点与转折点之间音高相对于边界音高相应部分的下降（起点和终点下降，转折点降得更低），调型保持不变。简单地说，疑问和陈述边界调音高的上升和下降，是相对于边界音节声调音高曲线相应部分的上升和下降。

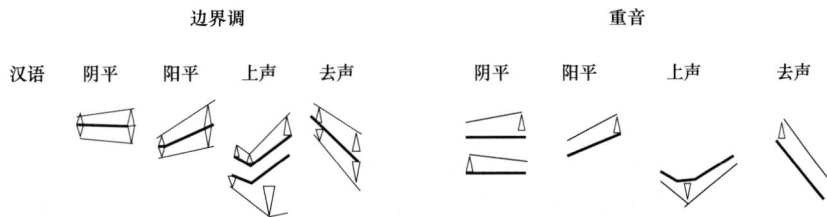

图 15　汉语语调音高与声调音高之间叠加的示意
（林茂灿、李爱军，2016、2017、2018）

2. 音高曲线的音阶

表 1 是男女发音人疑问和陈述的边界调音节及相应单念四声音节的音高曲线的平均音阶（单位：半音，相对于 64 赫兹）。平均音阶是音高曲线音高平均值。

表 1　　　　男女发音人的疑问和陈述边界调音节及
相应单念四声音节的音高曲线的平均音阶

	阴平			阳平			上声			去声		
	疑问边界调	单念音节	陈述边界调	疑问边界调	单念音节	陈述边界调	疑问边界调	单念音节	陈述边界调	疑问边界调	单念音节	陈述边界调
男	13.76	10.15	8.63	6.15	4.40	2.50	3.14	1.18	−2.00	11.71	8.35	6.49
女	19.76	17.34	15.83	13.82	13.19	11.75	10.41	8.47	3.98	18.81	16.16	14.33

从表 1 看到，男女发音人念的疑问边界调（无论阴平、阳平、上声，还是去声）音高曲线平均音阶都大于相应单念音节的，而陈述边界调（无论阴平、阳平、上声，还是去声）音高曲线的平均音阶都小于相应单念音节的，也就是说，疑问边界调无论阴平、阳平、上声，还是去声，其音高曲线位置（音阶）都高于相应单念音节，而陈述边界调无论阴平、阳平、上声还是去声，其音高曲线位置比相应单念音节的低。

结果：从男女发音人念的疑问和陈述句末音节 x 平均音高曲线形状，和单念 x 的平均音高曲线形状得到：疑问边界调无论阴平、阳平、上声还是去声，音高的上升是相对于该边界音节音高相应部分的上升，和陈述边界调无论阴平、阳平、上声还是去声，音高的下降是相对于该边界音节音高相应部分的下降。

从男女发音人的疑问和陈述句末音节 x 平均音阶得到：疑问边界调无论阴平、阳平、上声还是去声，其音高曲线位置（音阶）都高于相应单念音节，和陈述边界调无论阳平、阳平、上声和去声，其音高位置比相应音节的低。

因而，疑问和陈述边界调的语音表现是：疑问和陈述边界调音高的上升和下降是相对于该边界音节音高相应部分的上升和下降；疑问和陈述边界调的语音特征可写作：[+RaiseTone]和[+LowerTone]。

陈虎（2007，2008）研究了汉语无标志感叹语调，结论是：强重音和宽音域是汉语无标志感叹句语调构成与感知的两个最重要的要素。我们认为，无标志感叹语调的语音表现，是强重音成分的音高相对其前后成分比一般重音有更大抬高，其特征写作：[+RaiseH▲]。路继伦和孙佳（2010）

研究汉语命令语调,结论是:命令语气主要体现在最后一个重读音节上,无论句末重读音节是什么声调都会表现为整个语调音高模式中的核心突显,同陈述句相比其音高线明显抬高,其特征写作:[+RaiseTone*]。

四 结论和讨论

(一)结论:本文研究汉语的焦点重音和功能语调

焦点重音分宽焦点重音和窄焦点重音,窄焦点重音和宽焦点重音有不同的声学表现和语音特征。与窄焦点相对应的重音是音高重音(突显),这种重音表现于短语中一两个非上声音节音高的高音点相对其前后的明显抬高,音域加大,时长往往长,和上声音节音高下压,音域加大,时长长,其特征是:[+RaiseH]和[+LowerL],而与宽焦点相对应的重音是非音高重音(清晰、明显),这种重音表现于各韵律词高音点逐渐下降(下倾),最后韵律词音域较大,时长长,其特征是:[-RaiseH][+LowerL]。

本研究的语调是无标志疑问、陈述、感叹和命令等。疑问和陈述的信息主要由短语最后韵律词的末了一两个重读音节携带,即疑问语气和陈述语气由边界调携带。疑问边界调和陈述边界调音高是相对于该音节声调的抬高或下压,其特征是:[Raise Tone]或[Lower Tone]。无标志感叹语调的表现是强重音,其音高相对其前后比一般重音有更大的抬高:[+RaiseH▲]。命令语气主要体现在最后一个重读音节上,无论句末重读音节是什么声调都会表现为整个语调音高模式中的核心突显,同陈述句相比其音高线明显抬高,其特征写为:[+Raise Tone*]。

本文把窄焦点重音用特征[+RaiseH]或[LowerL]表示,宽焦点用特征[-RaiseH][+LowerL]表示,边界调用特征[Raise Tone]或[Lower Tone]表示。

图16给出汉语语调基于重音和边界调特征的双要素模型,其中边界调分成前边界调(语调短语的首音节)和后边界调,包含疑问和陈述语气,及感叹语气和命令语气。重音包含焦点重音和感叹语气引起的重音。

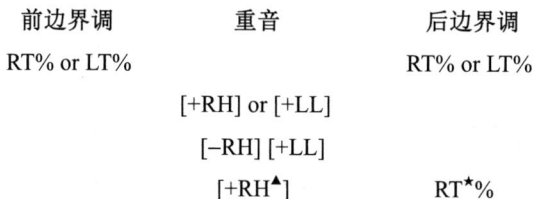

前边界调	重音	后边界调
RT% or LT%		RT% or LT%
	[+RH] or [+LL]	
	[−RH] [+LL]	
	[+RH▲]	RT★%

图16 汉语功能语调基于特征的双要素模型(Lin and Li, 2011)

汉语重音分宽焦点重音和窄焦点重音。宽焦点重音的特征是:[-RAISEH][+LOWERL],缩写为:[-RH][+LL],窄焦点重音特征是:[+RAISEH] 或

[+LOWERL]，缩写为[+RH]或[+LL]，其中的 H（高）和 L（低）指所涉及音高曲拱的高点和低点，并不是指声调特征的高低。

汉语疑问和陈述边界调的特征是：[+RAISETONE] 和 [+LOWERTONE]，缩写为：RT% 和 LT%；命令语气也表现于边界调，不过其表现跟疑问的不同，其特征可写为：[+RAISE TONE*]，缩写为：RH*%:；感叹语气的强重音特征是：[+RAISEH▲]，缩写为：+RH▲%。

（二）讨论：语音"轻重缓急、抑扬顿挫"是什么？

图 17 是发音人 Z 念"马厂长""买五把"和"好雨伞"的音高曲线及时长，从中看到三个上声音节"马厂长""买五把"和"好雨伞"音高曲线跟单念的发生了很大变化，音节时长也发生变化。

图 18 是发音人 Z 用陈述语气和疑问语气分别念"马厂长买五把好雨伞。"的音高曲线和时长。从图 18 看到，由于发音人念"马厂长买五把好雨伞。"时，把语调（重音和边界调）加到韵律结构（音节，韵律词，复合韵律词，韵律短语和句子四个层次）上，使疑问的"马厂长买五把好雨伞。"和陈述的"马厂长买五把好雨伞。"音高曲线和时长发生了不同的改变。

图 18（左）发音人 Z 用陈述语气说的"马厂长买五把好雨伞。"，分成三个韵律词："马厂长""买五把"和"好雨伞"。"马厂长"三个音节音高曲拱跟单念的"买五把"和"好雨伞"音高曲线基本一样：末音节"长""把"和"伞"音高低降略升；中间音节"厂""五"和"雨"的音高上升；首音节"马""买"和"好"音高低降。但是，"马厂长"音阶和音域比其后接"买五把"高大些，"买五把"音阶和音域比其后接"好雨伞"高大些，即在陈述语气中，这三个韵律词高音点逐步下降。

图 18（右）用疑问语气念的"马厂长买五把好雨伞？"，分成复合韵律词"马厂长买五把"和韵律词"好雨伞"。韵律词"马厂长"和"买五把"组成复合韵律词。"马厂长买五把"音阶和音域比其后接韵律词"好雨伞"高大，而在复合韵律词"马厂长买五把"中，韵律词"买五把"音阶和音域比其前接韵律词"马厂长"高大些。在"买五把"中，"五把"音阶和音域比其前接"买"高大，因而，"五把"突显：重；在"好雨伞"中，"雨伞"音阶和音域比其前接"好"高大，时长长，因而，"雨伞"突显：重。疑问短语末音节"伞"起点比陈述短语的高，其终点更高，或者说，疑问短语末音节"伞"斜率比陈述的大，疑问短语"伞"时长很长。

从这个例子看到，疑问短语音高（F_0）曲线的后半部比陈述的高，而且各音节 F_0 曲拱的变化比陈述的大。陈述短语的三个韵律词高音点逐一下降（下倾），最后韵律词最低，这是因为发音人自然地（宽焦点）念这个短语；疑问短语各音节 F_0 曲拱除了"上上相连"发生变化外，又因受韵律结构的制约，焦点重音和边界调使其 F_0 曲拱发生更复杂变化。

这个例子首先说明吴宗济先生汉语语调观点（1988、1993）的科学性。吴先生（1988、1993）指出："一个句子的语调中，包含了若干个单字调和几个字组合一起的连续变调，再加上受不同语气的影响而变的调。""它一般只影响它的调域，而不影响它的调型。"吴先生接着指出："同样不同的语境、语势、目标（target，即一句话的语义侧重点，或叫 nucieus，核心）的条件下，反过来会给予语句中的某些基本单元的原有调型以一定影响，而使其再度变调。"这个例子还可说明什么是汉语节奏。

语调（重音和边界调）作用于语篇的韵律结构，加上语句的两种间断（无声波间断和有声波间断）和短语末音节时长往往拉长，形成了像波浪般的音高曲线；人耳从这种音高曲线中，听到了抑扬顿挫、轻重缓急（轻重交替、快慢相间、高低起伏、停顿转折）的节奏感。所以，焦点重音和边界调是汉语语调的本质和核心。

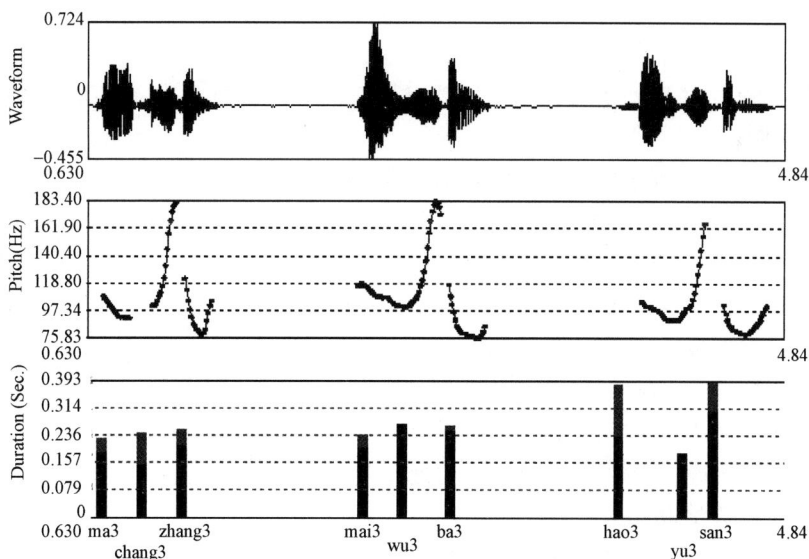

图 17　发音人 Z 念"马厂长""买五把"和"好雨伞"各音节的波形（上部），
音高曲线（中部）和时长（下部，灰色为声母，黑色为韵母）

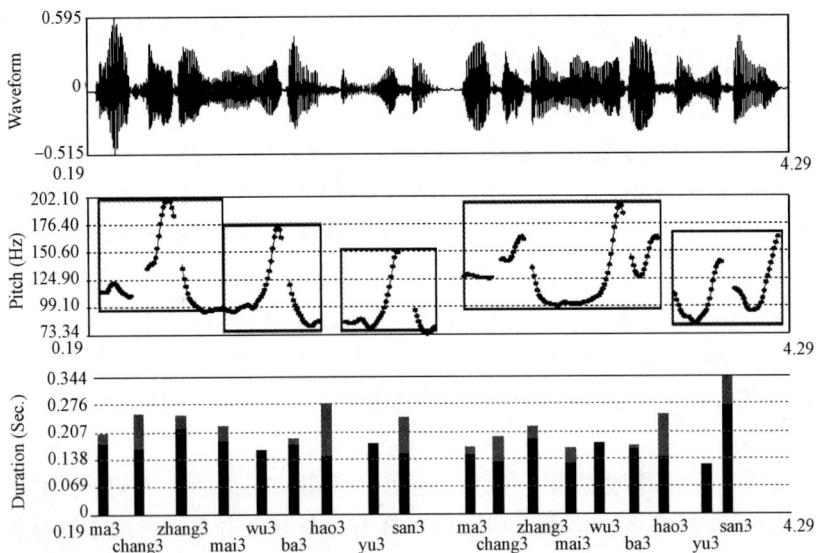

图 18 "马厂长买五把好雨伞。"（陈述，左）和 "马厂长买五把好雨伞?"
（疑问，右）各音节的波形（上部），音高曲线及表示韵律词的方框（中部）和
时长（下部，灰色为声母，黑色为韵母）

参考文献

陈虎，2007，《基于语料库的汉语感叹句与感叹语调研究》，《汉语学习》第
　　2 期。

陈虎，2008，《汉语无标记类感叹句语调研究》，《语言教学与研究》第 2 期。

陈玉东、吕士楠、杨玉芳，2009，《普通话语段重音对小句重音声学特征的
　　调节》，《声学学报》第 4 期。

黄长著、林书武、魏志强、周绍珩译，1981，《语言与语言学词典》，上海
　　辞书出版社。

贾媛、李爱军、陈轶亚，2008，《普通话五字组焦点成分音高和时长模式研
　　究》，《语言文字应用》第 4 期。

贾媛、熊子瑜、李爱军，2008，《普通话焦点重音对语句音高的作用》，《中
　　国语音学报》第 1 期。

李爱军，2001a，《普通话对话中韵律特征的声学表现》，《第六届全国人机
　　语音通讯学术会议论文集》。

李爱军，2001b，《一个具有语音学标注的汉语口语语音库》，《新世纪的现
　　代语音学》（第五届全国现代语音学学术会议论文集），清华大学出版社。

林茂灿、颜景助、孙国华，1984，《北京话两字组正常重音的初步实验》，
　　《方言》第 1 期。

林茂灿，2000，《普通话语句中间断和语句韵律短语》，《当代语言学》第 4 期。

林茂灿，2002，《普通话语句的韵律结构和音高高低线构建》，《当代语言学》
　　第 4 期，第 254—265 页。

林茂灿，2004，《汉语语调与声调》，《语言文字应用》第 3 期。

林茂灿，2006，《疑问和陈述语气与边界调》，《中国语文》第 4 期。

林茂灿，2008，《赵元任语调思想与边界调》，《中国语音学报》第一辑，第
　　64—70 页，商务印书馆。

林茂灿、吴宗济，2010，《汉语语调对声调作用的实验探索——谈赵元任先生
　　关于声调与语调的"代数和"思想》，载《汉语语调实验研究》，2012。

林茂灿，2012，《汉语语调实验研究》，中国社会科学出版社。

林茂灿、李爱军，2016，《探讨英汉语调的相似性》，第三届汉语韵律语法
　　国际研讨会，北京语言大学，9 月 23—25 日。

林茂灿、李爱军，2017，《语调类型学研究——英语语调的共性和差异》，
　　第 14 届全国人机语音通讯学术会议，连云港，10 月 11 月 13 日。

林茂灿、李爱军，2018，《英汉语调的共性和差异》，《今日语言学》公众号，
　　2018 年 1 月 10 日。

路继伦、孙佳，2010，《汉语命令句音高、时长与音系模式》，《中国语音学
　　报》第二辑，商务印书馆。

沈炯，1985，《北京话的声调和语调》，载《北京话语音实验录》（林焘、王
　　理嘉等著），北京大学出版社。

沈炯，1994，《北京话上声连读的调型组合和节奏形式》，《中国语文》第 4 期。

沈家煊译，2000，《现代语言学词典》，商务印书馆。

孙楠昊，2006，《普通话声调与边界调的音高特征及其实现规则》，中国社
　　会科学院博士论文。

徐世荣，1980，《普通话语音知识》，文字改革出版社。

王洪君，2008，《汉语非线性音系学——汉语的音系格局与单字音》（增订
　　版），第六、十一和十二章，北京大学出版社。

王茂林，2003，《普通话自然话语的韵律模式》，中国社会科学院研究生院
　　博士学位论文。

吴洁敏，2003，《新编普通话教程》，浙江大学出版社。

吴宗济，1988，《汉语普通话语调的基本调型》，《王力先生纪念文集》，商
　　务印书馆 1988 年；《吴宗济语言学论文集》，第 281—300 页，商务印
　　书馆，2004 年。

吴宗济，1993，《普通话语调分析的一种新方法：语句中基本调群单元的移
　　调处理》，《中国社会科学院语言研究所语音研究报告》；《吴宗济语言

学论文集》，第 301—319 页，商务印书馆。

熊子瑜，2006，《普通话的语句音高分析》，《中文信息处理的探索与实践——第三届 HNC 与语言学研究学术研讨会论文集》，北京师范大学出版社，第 354—360 页。

颜景助、林茂灿，1988，《北京话三字组正常重音的声学表现》，《方言》第 3 期。

叶军，2001，《汉语语句韵律的语法功能》，华东师范大学出版社。

《语音学和音系学词典》编译组，2000，《语音学和音系学词典》，语文出版社。

《语言学词典》编写组，2011，《语言学词典》，商务印书馆。

赵元任，1929，《北平语调的研究》，《最后五分钟》附录，中华书局，见 2002：253—272 页。

赵元任，1932，《国语语调》，1932 年 2 月 8 日的演讲词，刊于《广播周报》第 23 期，及《国语周刊》第 214 期，1935，见 2002：426—434 页。

赵元任，1932，《英语语调（附美语变体）与汉语对应语调初探》，《中研院史语所集刊》，《蔡元培先生六十五岁庆祝论文集》，见 2002：738 页。

赵元任，1968，《上加成素》，《语言问题》，第 79—91 页，台湾商务印书馆。

赵元任，1968，《汉语口语语法》，吕叔湘译，1979，商务印书馆。

Li, Aijun（李爱军），2002，Chinese prosody and prosodic labeling of spontaneous speech. *Proceedings of Speech Prosody*，Aix-en-Provence，France，2002，39-46.

Lin, Maocan, and Zhiqiang Li, 2011, Focus and boundary tone in Chinese intonation, *Proc. of the 17th Inter. Cong. of Phonetic Scineces*, pp. 1246-1279, Hongkong.

Crystal，David，1977，*A Dictionary of Linguistics and Phonetics*，Blackwell Publisher Ltd，《现代语言学词典》，沈家煊译，商务印书馆，2000。

Hartmann，R. R. K.，F. C. Stork，1972，*Dictionary of Language and Linguistics*，Applied Science Publishers LTD London，黄长著等译，上海辞书出版社，1981。

Ho，A.T.，1977，Intonation variation in Mandarin sentence for three expressions：interrogative，exclamatory and declarative，*Phonetica* 34，446-457.

Liu，Fang，Yi Xu，2005，Parallel encoding of focus and interrogative meaning in Mandarin Chinese，*Phonetica*，62：70-87.

Xu，Y.，1999，Effects of tone and focus on the formation and alignment of F0 contours，*J. Phonetics* 27，55-105.

Trask，R. L.，*A Dictionary of Phonetics and Phonology*，1996，Routledge，London．《语音学和音系学词典》编译组，语文出版社，2000。

汉语表情语调

李爱军

学习语言的目的就是用目标语来开展社会交际。因此，社会交际也可分为词语交际（verbal communication）和非词语交际（nonverbal communication）。词语交际是指人们通过词汇、焦点和语言等手段完成的信息交互，非词语交际（nonverbal communication）则是通过语调、说话方式、姿态、面部表情和身体姿态等自然手段完成的信息交互。言语交际（speech communication）可以说是最为方便的交际手段，可以传递多层次信息，包括语言信息（linguistic information）、副语言信息（paralinguistic information）和非语言信息（non-linguistic information）。副语言信息属于非言语交际，通过音高、音质和语调等手段来改变语义、表达态度和交际意图；非语言学信息则是传递说话人的个人信息和其他信息，比如性别、年龄、身体状况或者情感，一般是交际双方无意识产生的。

人们在交流过程中无时无刻地在对各种模态的信息进行编码、解码和综合理解，传递意图和表达情感态度。情感不但是生理现象，而且也受到文化因素的影响。情感表达和感知既有普遍性也有文化的相对性。最早进行不同文化情感研究的前辈有 Charles Darwin（1872）、Ekman（1971）以及 Izard（1994）。他们很早就注意到在一种文化背景同另外一种文化背景的交互中，交际者对面部情感具有很强的解码能力。他们提出，如同面部表情一样，不同文化的人群对声音的情感表达也具有同样的解码能力，心理生态上情感具有普遍性。

语调能标志语篇中话语的韵律结构，组织其信息结构，从而影响话语的语义表达。在对话中，语调有标记对话双方之间的话轮转换、对话言语行为的功能（Liu, et al., 2016；李爱军等，2013）。语调还能表达情感和态度。我们都有这样的体验——通过交谈方一个"啊"，我们就可以断定说话人是在疑问还是肯定，情感状态是高兴还是生气、是兴奋还是难过，或者态度是赞成还是反对等，即通过语调特征可以获得说话人的情感态度。因此 Ladd（1996：6）给语调的定义是："利用超音段特征，用语言结构化手段来传递句子的语用意义。"

赵元任先生在《汉语的字调跟语调》(1933)中强调:"在汉语中,除了因本调和有规则的连字调引起的调节,还存在大量表达说话者情绪(mood)和态度(attitude)的音高运动,一种声调语言的实际旋律或音高运动分为三个层面,由三种因素构成:一个个音节词所独有的声调(通常称为声调或词源上的声调);这些声调在连贯的言语中的相互影响(称之为中性语调);以及表达说话者的情绪或者态度的音高运动(称之为表情语调)。"

因此,"表情语调"是一个广义语调概念,是中性调以外的各种表示说话者情绪和态度的语调。说到情感句,就一定得说到感叹句,感叹是"包括一切感情的表达而言"的(高名凯,1986)。因此,本章我们将感叹语调和祈使语调也一并介绍。我们将以赵元任语调学说为指导,在双要素语调模型的基础上(林茂灿,2012),运用现代语调的自主音段—节律理论(Autosegmental-metrical Model,AM),介绍对情感语调(6种基本情感)和态度语调(以友好态度为例)、感叹句语调和祈使句语调的重音和边界调的研究。

一　汉语情感语调研究

赵元任先生将语调分为中性语调和表情语调(赵元任,1929,1932a,1932b)。他指出:"中性语调就是最平淡而仍旧连贯成话的语调,这是一切语调的起码货。中性语调里有两种变化,一种是自娱自乐相连所发生的变化,一种是因字音的轻重而发生的声调上的变化,也就是声调的连续变调和轻重音的分别。国语有了中性语调,它的意义就明白了,算是实现了它的达意功用。但是一国的语言除了达意之外,还有表情的功用,特别是在艺术上所用的语言。表情语调比字调和中性语调复杂得多,除了严格的语调只讲声音的高低之外,还包括轻重快慢以及喉音的音程,他们都是表情的成素。"

"这些声调实际上是两个因素的代数和,或者说是两个因素的合成,一个是本字调,一个是句调本身",在字调跟语调的叠加方式上,赵先生提出了"至少有两种声调叠加:同时叠加和连续叠加"。连续叠加就是赵先生的演讲《国语语调》(1932a)中提到的"转调",即在句子末字调之后再加上一个往下降或者往上升的尾巴。下降的转调有很多功用,"用这种调的时候总带一点觉得自己知道人家不知道或者是自己行人家不行的态度。比方列举一些事情或者是东西要人听了觉得很多似的就用这个调。"表示赞成、骂人不对、对孩子说话用得特别多,如"小妹妹↓别淘气↓别哭了,啊↓"。

　　同时叠加的实现方式在第 2 章已经详细解释,其结果是边界音节音高水平整个提高或者降低,音高范围扩大或者缩小,声调的调形保持不变。

　　赵先生提出了两种连续叠加方式,即上升的结尾和下降的结尾。他用符号↗和↘分别表示这两种结尾,并用下面的公式表示它们对声调的影响,1～5 表示声调的 5 度值,6 表示外加的高音。

声调	上升结尾的叠加	下降结尾的叠加
阴平	↗55: =56	↘55: =551
阳平	↗35: =36	↘35: =351
上声	↗214: −216	↘214: =2141
去声	↗51: =513	↘51: =5121

　　吴宗济先生继承和发展了赵先生的语调思想,将赵先生提出的“橡皮带效应”以及“小波浪和大波浪”的关系进行了具体的量化,在语法、语音和音系三个层面考察语调的变化模式,提出了逐级变调的多米诺变调规则和语调的移调规则等。他的语调思想的核心就是“必然变调”加“或然变调”。他对情感语调(吴宗济,2004,第 370—376)进行了定性说明,提出边界调单独处理。

　　赵元任先生提到的尾巴上的连续叠加调子,很多学者都观察到了。比如 Mueller-Liu(2006)发现撒娇等语气会出现一个下降的边界调。沈炯(1992)认为:“尾音指句末正常语素音节,不包括上升尾音、下降尾音等寄生音段。后者在词汇学层面起语气意义的作用,不属于整句性语调调节。”Lu 和 Lin(2009)发现以去声结尾的疑问句一般会不同程度地出现一个上扬尾巴,它是语气助词失掉了其音段而保留下来的超音段,作为对疑问信息的加强而依附在全句最后一个音节上。边界调基频曲拱的抬高(形状不能改变)或斜度的改变是疑问语气的决定因素。

　　沈炯(1992,1994)认为“口气语调”可以分为“窄带低语调、窄带中语调、窄带高语调、宽带语调”等,如“不满、同情、拒绝” 等的语调模式为“窄带低语调”,“试探、安慰、犹豫、埋怨、亲昵”等的语调模式为“窄带中语调”,“告警、求助、惊慌”等的语调模式为“窄带高语调”,“愤怒、威胁、惊讶、欢快”等的语调模式为“宽带语调”。

二　表情语调的分类

　　语言学家偏向于将情绪(或情感)(emotion)与态度(attitude)分开来对待。如果情绪和情感是完全释放的情感(full-blown emotion),两者的区别无疑很清楚,但是态度和内在的情感往往有着紧密的联系,例如友好态度暗含了潜在的热情这种情绪。有的学者认为情感和态度有一种"程度"上的差别，之所以有这种看法，可能是由于对两者的研究传统不同。

赵元任《北平语调的研究》中把表情语调（口气语调）按照声学特征分成 40 种，还按照"体式"（形式）给出每一种体式对应的一种或几种"功用"（功能）。其中 27 种"以音高跟时间的变化为主要的成素"，如"平常句、普通问话、赞叹、感叹、对人凶、逻辑和心里重音、自信惊讶、嗲声音、滑稽、安慰、警告、赞成、急命令或者申明"等等；另外 13 种"以强度跟嗓子的性质（voice quality）为主要的成素"，如"吵骂、冷笑、诧异、生气、唠叨、吓得说不清话、嗲、惊吓、微笑、悲苦、教训人"等等。

三 表情语调的语音特征

与中性语调不同，赵元任先生的表情语调强调了语速、音质和边界调等语调成分。很多学者也都提出了音质在情感表达中是非常重要的参数（Erickson，2005；Wang and Li，2006），甚至有的学者提出音质是韵律特征的第 4 个维度（Campbell，2003，2007）。

但是，"语调的形式和功能之间的对应绝不是简单的，表情语调将是一个需要用历史语言学和普通语言学的方法共同处理的题目。"（赵元任，1933）

陶建华等（2003）采用演员模拟和真实场景相结合的方法录制普通话情感语料库。将情感语音的声学特征分为三类：韵律类、音质类和清晰度类。对五种基本情感列出了几种基本声学参数。（如表 1 所示）

表 1　　　　　　　　普通话情感与语音参数之间的关系

	喜悦	发怒	悲伤	恐惧	厌恶
语速	较快，但有时较慢	稍快	稍慢	很快	非常慢
平均音高	很高	非常高	稍低	非常高	非常低
音高范围	很宽	很宽	稍窄	很宽	稍宽
音节基频高线变化	平滑，上升变化	陡峭，在重读音节处	下降变化	正常	宽，下降终端变化
音节基频低线变化	平滑，上升变化	没有太多变化	下降变化	正常	下降终端变化
音强	较高	较高	较低	正常	较低
音质	有呼吸声，响亮	有呼吸声，胸腔声调	共鸣声	不规则发声	嘟囔的胸鸣声
清晰度	正常	焦急	模糊	准确	正常

（一）情感句重音与重音转移现象

情感句的重音位置与情感表达密切相关。与中性语句对比，情感重音的声学表现在音高、时长以及音强等方面都有一些变化。以表达友好态度语句为例，李爱军（2005）考察了表达友好态度的疑问和陈述句中承载重音的韵律词声学变化。研究结果显示，韵律词基频 F_0 在不同重音条件下的变化模式如图 1 和图 2 所示，时长变化模式如图 6 和图 7 所示。为了对比，图示还同时给出了中性语音基频 F_0 和时长变化情况。

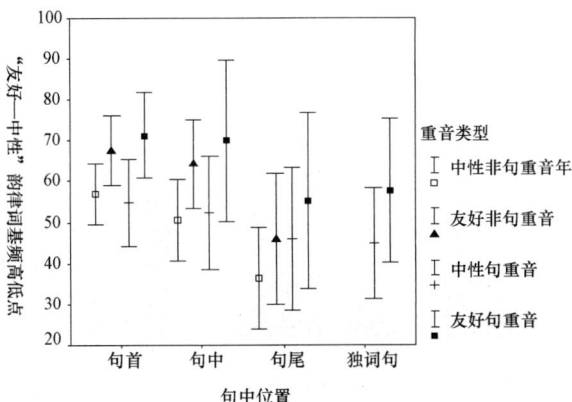

图 1　友好与中性陈述句中韵律词的音高模式

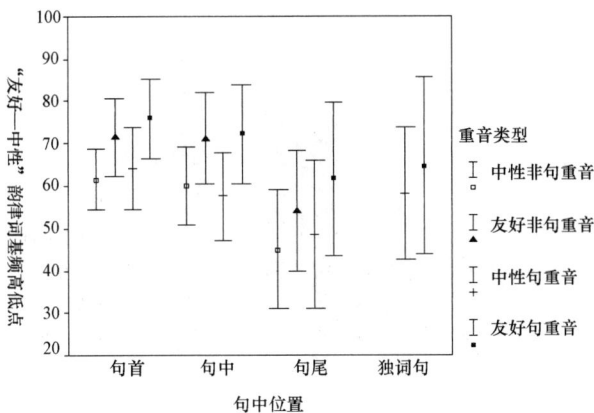

图 2　友好与中性疑问句中韵律词的音高模式

从图 1 和图 2 中看到，友好陈述句中，承载句重音的韵律词调阶比同位置的不承载重音的韵律词的调阶高，且存在语调下倾现象；中间重音位置的韵律词基频变化范围扩大。友好疑问句中，也是第一个和最后一个位置承载句重音的韵律词调阶比同位置的不承载重音的韵律词的调阶高；中间和最后位置的承载句重音的韵律词基频变化范围扩大。无论重音位置和句型如何，友好语音音阶整体比中性语音音阶高（P<0.05）。韵律词基频低点（bottom-line）除了陈述句句尾非重音以外（P=0.29），在其他情况下，友好语音较中性语音显著地抬高（P<0.05）。

　　图 3 和图 4 的时长变化显示，在疑问句和陈述句中，负载句重音的韵律词时长大部分情况下比其对应的非句重音长（P＜0.01），只有中性和友好疑问句的中间韵律词以及独词句是例外（P＞0.05）。

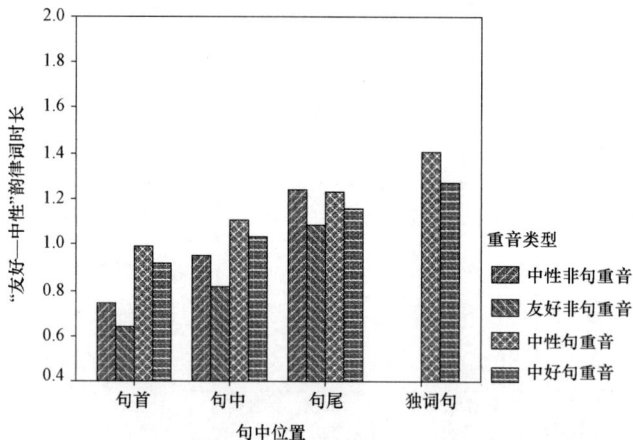

图 3　中性和友好态度的陈述句韵律词的时长变化模式

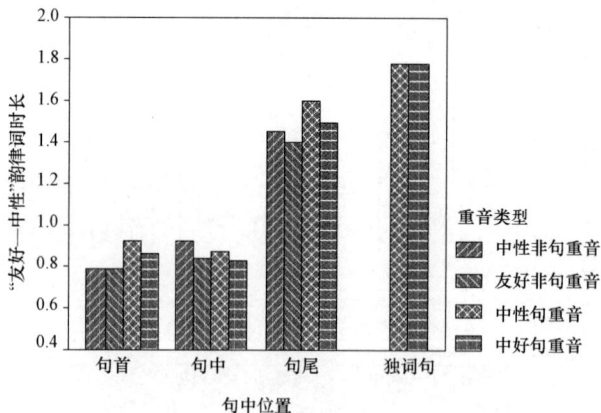

图 4　中性和友好态度的疑问句韵律词的时长变化模式

　　但是，在言语工程应用中，经常需要进行中性语音到情感语音的转换（Tao et al.，2006），此时情感重音的位置如何设置应该加以考虑。对于有情感标记的语句，情感重音的设置相对容易，但是对字面无情感标记的语句，不能认为中性句的重音就是对应的情感句重音。因为，我们发现中性句子中的重音位置与情感句子中的重音位置有很大的不同，我们称这种现象为情感语句重音转移现象。

　　对几种基本情感句重音的研究发现（李爱军，2008），不管中性句中的情况如何，对应的"高兴""害怕""难过"和"愤怒"情感句重音有向句末转移的趋势，但转移的程度有所区别——从高到低依次为"愤怒""害怕""难过"和"高兴"。高兴句重音位置试图保持与对应的中性句重音位置一致。

（二）情感语调时长（语速）

情感语调的整体语速变化是重要的声学特征之一。图5是男女两位发音人的六种基本情感语调相对于中性语调的时长变化模式。六种基本情感：生气（Angry）、惊讶（Surprise）、厌恶（Disgust）、高兴（Happy）、悲伤（Sad）、恐惧（Fear）。可以看到，这两位发音人的模式多少有差异，比如男声的高兴语速和女声的高兴语速与他们其他情感语调比变化不同。但总体看生气、惊讶和厌恶的语速快，难过和害怕的语速慢。

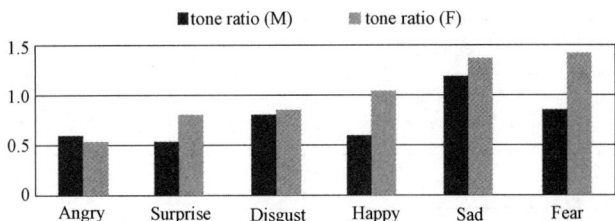

图5　六种基本情感句与中性句对比的时长变化模式

（三）总体音高变化

情感语调的音高与中性语调比较，在调阶和调域上都有很大的变化，如图6所示为一位男性发音人的两句话的六种基本表情语调和对应中性

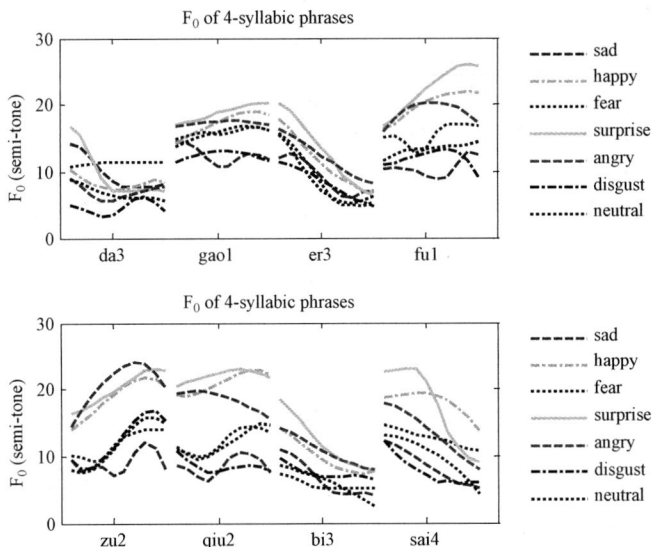

图6　一位男发音人的六种基本情感语调与中性语调的音高变化对比
（图中对时长进行了归一，两个句子分别为"打高尔夫"和"足球比赛"。）

（Neutral）语调（LI，2015）。表2是2位普通话发音人（男女声各一名）
的六种基本情感语调的分析结果。表中数值是按照每位发音人音域的5度
值规整结果，L、M和H（低、中、高）分别是对应的音高特征。可以看
到男声和女声略有差异。总体来说，高兴、惊讶和生气语调为中高调阶
（M/H）；难过和厌恶语调为中低调阶（M/L），害怕和中性语调为中调阶（M）；
高兴和害怕语调的调域为宽调域（H），难过、厌恶和生气的调域为较窄
（M/L）；而害怕和中性语调的调域处于中间（M）。

表2　　　　　普通话情感语调的音高变化的调值、调阶、调域的
5度值规整和声调特征

情感	变化范围	调阶	调域
难过	1—3 1—4（女）	L M	3（L） 4（M）
高兴	1—5	H	5（H）
生气	2—5 2—4（女）	H M女	4（M） 3（L）女
害怕	1—4	M	4（M）
惊讶	1—5	H	5（H）
厌恶	1—3	L	3（L）
中性	1—4	M	4（M）

（四）情感语调的边界调及其音系表达

在表情语调的边界调中（见图6），我们发现了赵元任先生指出的另外
一种声调和语调的叠加形式：连续叠加边界调。图7给出了中性语调和其
他四种表型语调边界调的四声组合的情况。与中性语调的边界调比较，生
气、厌恶语调的边界调中，词调后面出现了一个下降的尾巴，在高兴和惊
讶语调的边界调中，词调后出现了一个上扬的调。

此时，情感语调的连续叠加边界调由两个成分组成，如图8所示。第
一部分为词调表示边界音节的声调信息，第二部分为表情调，传递情感信
息。表情调可以有上扬或者下降等形式，我们用特征"r，f"分别表示。
结合传统的边界调表达H%和L%，这种连续叠加的边界调的音系表达为
"H-r%，H-f%，L-r%，L-f%"等。但是，具有连续叠加的边界调的调长并
不比中性的边界调调长。

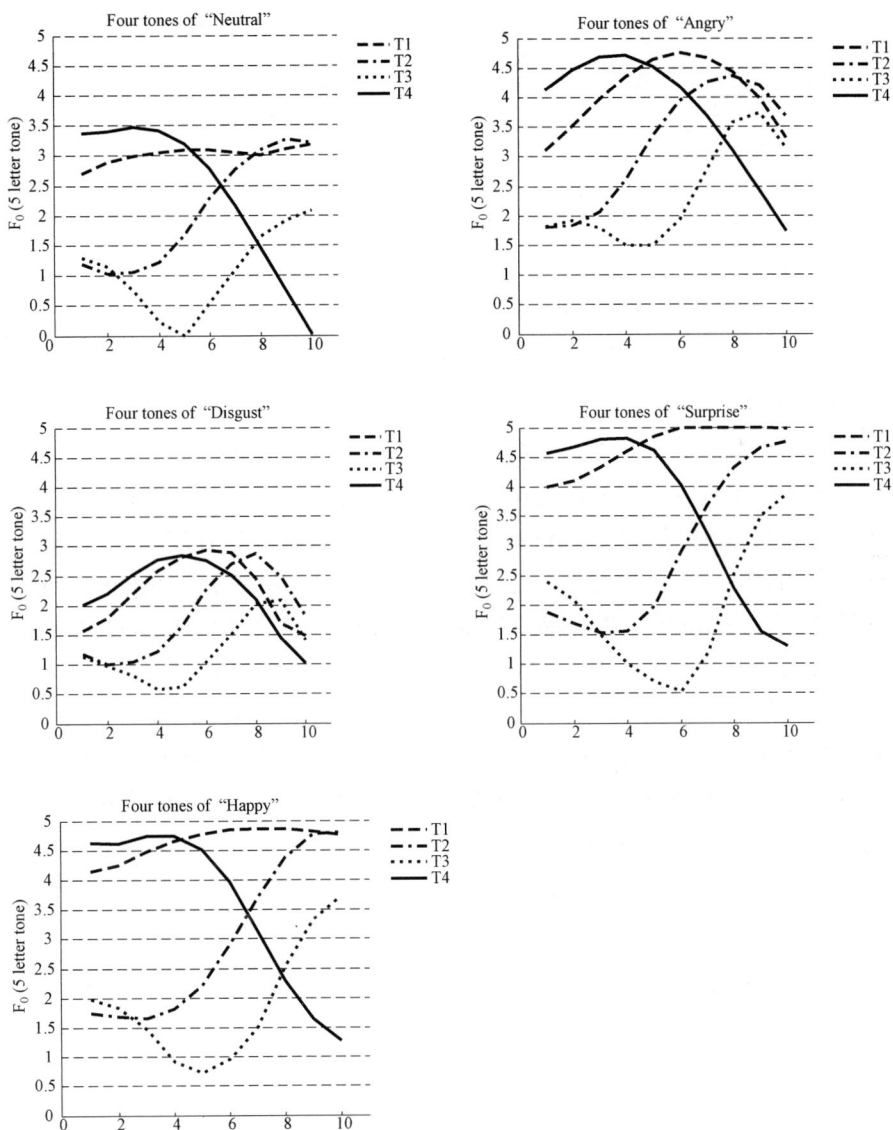

图 7 一份普通话男声的中性语调的边界调，以及生气、厌恶、惊讶和高兴语调的边界调。T1～T4 表示阴阳上去四个声调。每个音节取 10 个采样点，F_0 按照 5 度值规整

通过对连续叠加边界调的形式和情感表达功能的感知研究（Li，2015），我们认为每一个语调成分对情感语音的感知都有贡献，但是都不能独立编码。发音人对情感语调的编码是对所有这些语调成分的并行编码。听音人对情感的感知，是这些成分对应的感知空间特征整合的结果。每一种成分的贡献大小和编码方式还与交际双方的语言文化背景相关。

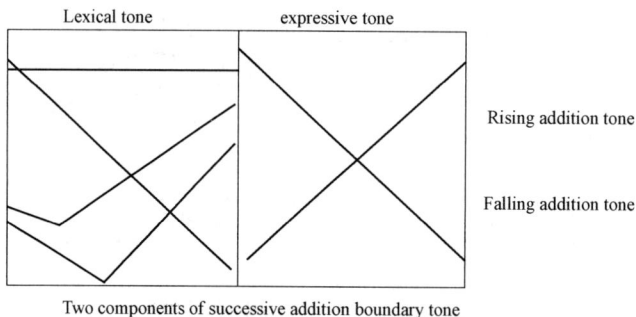

图 8　连续叠加边界调的组成成分示意

（五）嗓音音质

声源类型的变化和情感的变化有一定的联系，情感的变化通常和一定的声源类型相对应，每种情感所对应的声源类型也在一定程度上是确定的（陶建华、许晓颖，2003；Wang and Li，2006）。中性语调为常态嗓音（Modal Voice），愉快、生气、难过和害怕等分别倾向于使用亮嗓音（Bright Voice）、紧嗓音（Tense Voice）、紧喉音（Creaky Voice）以及气嗓音（Breathy Voice）。气嗓音通常表达亲昵，耳语的出现通常表达一种机密的信息，不耐烦则通常会出现紧喉音等。在不同的情感中，基频抖动大小的方差按从大到小的顺序排序为：难过＞害怕＞生气＞愉快＞中性；在不同的声源类型中，基频抖动大小的方差按从大到小的顺序排序为：气嗓音（Breathy）＞耳语（Whisper）＞紧喉（Creaky）＞松紧喉（Lax Creaky）＞紧嗓音（Tense）＞亮嗓音（Bright）＞常态嗓音（Modal）；在汉语不同的声调中，基频抖动大小的方差按从大到小的顺序排序为：上声＞去声＞阳平＞阴平。

四　无标记感叹句语调

所谓感叹句，就是"以感情的表达为主要任务"的句子（吕叔湘，1942）。与其他句类的表情功能相比，感叹句表达的感情是强烈的（陈昌来，2000；华宏仪，2004）。就表情的内容而言，感叹是"包括一切感情的表达而言"的（高名凯，1986），比较常见的有喜悦、愤怒、悲哀、快乐以及赞赏、惊讶、醒悟、斥责、鄙视、慨叹、意外等。

这一节重点介绍汉语无标记类感叹句语调的研究（陈虎，2008）。与陈述语调相比，强重音和宽调域是汉语无标记类感叹句语调构成与感知的两个最重要的要素，较高的调首边界调与较低的调尾边界调也是汉语无标记类感叹句感叹语调的重要特征，但是，其具体音高走势与重音模式关系密切。

（一）感叹语调与感叹句的关系

陈昌来（2000）提出，感叹句的表达方式会因表情的种类与强烈程度的不同而有所差异。已知的感叹表达方式涉及感叹语调、叹词、感叹语气词、某些代词和副词、某些特定的句式及句式变化等（王光和，2002）。在所有这些手段当中，感叹语调是表达感叹语气的主要手段。特别在情感极其强烈时，不论其语法构成如何，都"主要是靠感叹语调来表情的"（华宏仪，2004）。

胡明扬（1987）提出感叹语调为低长调，当句终语调内含有次强重音时转为惊叹语调（低长调、次强重音均是针对"句末最后一个语汇重音音节"的字调起点高低、时长及强弱而言的。详见胡明扬，1987：157）。沈炯（1994）提出，汉语功能语调受全句高音线与低音线走势影响，其中"全句高音线渐落和低音线下延是一种重要的感叹语调"。陈昌来（2000）提出，感叹语调随感情的变化而有所变化，一般感叹句的语调是尾音拉长而下降，但表示斥责感情时也可以用高升调，表示惊讶或意外等情况时也可以用曲折调。华宏仪（2004）则提出，"同样一句话，如果语调急促而高昂，先降后扬，那就是感叹句"，如"我什么都清楚！"王光和（2002）则提出，感叹语调"多为曲折调或降调，跟句末字调有一定关系"，同时"感叹句的语调特征还表现在重音上"，具体而言，一方面体现在感叹词（如"太""真"等）上，一方面体现在整个句调在强度上"始终有较强的语势"等等。综上所述，现有研究对感叹语调的描述涉及高低音线、时长、语速、整体调形、句末字调、重音、语势等多种要素。

（二）研究范围与方法

本研究把感叹句分为两类，一类为带有典型感叹结构或词汇标记的有标记类感叹句，一类为无此类标记的无标记类感叹句。这里主要报告无标记类感叹句语调研究，并主要关注狭义的语调现象，即以音高特征为主要对象。具体而言，所选取的描述及实验参数主要涉及重音高值（即重音音高的高点值）、调首边界调音阶、调尾边界调音阶、全调调阶与全调调域五项。前三项参数的确定是基于 AM 理论，即自主音段与节律理论。后两项参数的确定是由于感叹语调与语调的表情功能关系密切，而许多现有研究均指出了全调的调阶和调域对于语调表情功能的影响。

（三）声学分析

1. 实验用语料、实验设计和方法

本实验发音人共 6 人（男、女各 3 人），为解放军外国语学院汉语专业二年级或四年级本科生，分别来自北京、河北、湖南、湖北、云南等省市，年龄在 20 岁至 22 岁之间，在校都讲标准普通话，其中两人有播音主持经历。

发音表如下：

（1）众所周知，金先生要去西安。/特大新闻，金先生要去西安！

众所周知，王先生要去合肥。/特大新闻，王先生要去合肥！

众所周知，李先生要去海口。/特大新闻，李先生要去海口！

众所周知，赵先生要去大庆。/特大新闻，赵先生要去大庆！

（2）你好，请问价格是多少？八块钱一张。/知道价格有多贵吗？八块钱一张！

你好，请问价格是多少？十块钱一张。/知道价格有多贵吗？十块钱一张！

你好，请问价格是多少？九块钱一张。/知道价格有多贵吗？九块钱一张！

你好，请问价格是多少？四块钱一张。/知道价格有多贵吗？四块钱一张！

（3）通知说，明天我们在机场碰面。/真是难以置信，明天我们在机场碰面！

通知说，明天我们在车站碰面。/真是难以置信，明天我们在车站碰面！

通知说，明天我们在码头碰面。/真是难以置信，明天我们在码头碰面！

（4）大家都看到了，墙上有窗。/快看，墙上有窗！

大家都看到了，墙上有人。/快看，墙上有人！

大家都看到了，墙上有血。/快看，墙上有血！

大家都看到了，墙上有字。/快看，墙上有字！

发音表的设计原则是：第一，每组中的每个句子均由语境（前分句）加实验部分（后分句）构成，语气的选择由特定语境形成自然提示；第二，每个句子的实验部分均涉及陈述与感叹两种语气；第三，四个句组依次对应全重、前重、中重与后重四种重音模式；第四，每组实验句的重读音节尽可能涵盖阴平、阳平、上声、去声四个声调。

对除去语境外的实验部分进行音高分析，每句均逐项提取调域上限、调域下限、重音上限、调首声调下限及调尾声调下限五项参数，从而得出全调的调阶、调域、重音高值以及首、尾边界调的音阶（本文将调首、调尾边界调音阶定义为调首与调尾音节的音调下限，将全调调阶定义为全调音域的下限，将全调调域定义为全调音域的上限与下限之差）。原始数据以赫兹为单位，计算平均值或感知与听辨时转换为半音。男女发音人的基频（F_0）参照值分别取 64Hz 和 128Hz。用 SPSS 软件对实验数据进行统计分析。

2. 声学分析结果

① 感叹语调的声学特征

对六位发音人的全部四组句子中陈述与感叹语调的变化与各项音高特征（以 Hz 为单位）之间的关系分别进行单因素方差分析，结果显示，调域与重音高值与语调变化呈现显著相关（P 值分别为 0.000 和 0.004），其次为调首音阶（P=0.059），调尾音阶和全调调阶的作用则均不显著（P 值分别为 0.439 和 0.722）。由此，从定性角度可以确定，在区分普通话陈述与感叹语调中，调域与重音高值是主要因素，调首音阶有一定影响，其他因素如全调调阶与调尾音阶则没有显著影响。

就定量角度而言，我们计算了各因素在感叹语调与陈述语调中的六人的四组均值（见图 9）及音高差值（见图 10）。与陈述语调相比，感叹语调的重音高值和调域的增加显著，调首音阶的上抬也比较明显。相比之下，全调调阶及调尾音阶的变化很小。为进一步验证图 10 所反映的差值的显著性，我们对六位发音人的全部四组句子中陈述与感叹语调的各项音高特征（以半音为单位）之间的差异分别进行 t 检验，结果显示，感叹与陈述语调之间，在重音高值、调域、调首音阶上差异显著（P 值都为 0.000），而全调调阶和调尾音阶上的差异没有显著意义（P 值分别为 0.394 和 0.110）。

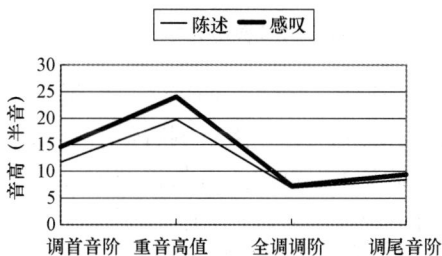

图 9　感叹与陈述语调特征音高连线

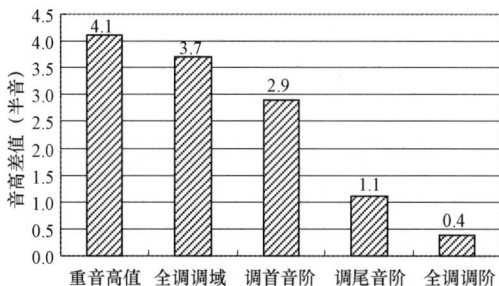

图 10　感叹与陈述语调音高要素差值

关于普通话感叹语调的音高特征可得出如下结论：相对陈述语调而言，普通话感叹语调会引起重音高值的显著上抬、全调调域的显著加宽以及调首音阶的较大上抬，同时全调调阶及调尾音阶的变化则不太显著。从发音角度看，感叹语调中，重音的加强引起重音高值的抬升，调首因协同发音也随之上抬，同时由于全调调阶总体上变化不明显，全调调域也随之加宽。

② 重音模式对感叹语调的影响

以上分析了感叹语调的总体面貌，那么各组所代表的重音模式对感叹语调有何影响呢？我们综合六位发音人的每组实验中陈述与感叹语调的调域、调阶、重音、调首及调尾的平均音高值，计算了它们之间的差值，据此绘制了四组差值的复合条形图，如图 11 所示。

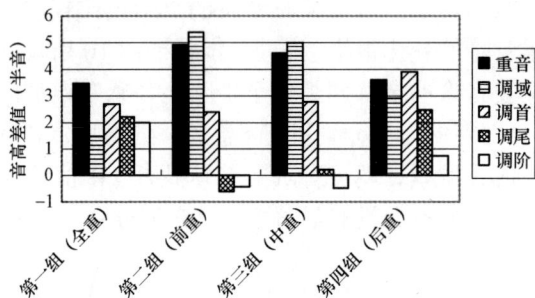

图 11　各重音模式下音高差值

全重时除调域外，重音、调首、调尾、调阶增量均比较显著，尤其是调阶较其他模式有明显上抬，总体上，调阶显著上抬与调域增量相对较小是全重的显著特点，前重和中重时重音与调域增量十分显著，调首也有较大增量，调尾与调阶的变化不显著，甚至出现负增长；后重时重音、调首及调尾的增量均比全重时略大，但调阶变化不显著，因而调域增量比全重时大。

综合来看，全重与后重比较相似，而前重与中重比较相似。具体而言，全重与后重时，重音增量均比前重与中重时小，且调尾均有明显上抬。前重与中重时，重音与调域增量均十分显著，且调尾与调阶的变化均不显著，甚至出现负增长。此外，在四种重音模式下，调首的增量虽相对较小，但十分稳定。

以上研究表明，汉语无标记类感叹语调的具体音高走势与重音模式密切相关，很难以"低长调"来概括，此外，全句高、低音线以何种方式下落，尾音是否下降，以及感叹语调是否形成"先降后扬"或是"曲折调"，并不是一成不变的，所有这些描述均与全句的重音模式密切相关。

具体而言，前重时，全句形成所谓"降调"；中重时，形成曲折调；后重时，形成"先降后扬"调。

3. 合成与听辨实验

为进一步验证调域、调阶、重音、调首、调尾五因素在感知方面对普通话感叹语调的影响，在对语料进行声学分析的基础上，我们进行了一系列语音合成与听辨实验。听辨实验中的听辨人为 20 名说普通话的本科生。

实验共分四组，每组针对一个至二个侧重点，由若干句组成，均取自声学分析中除去语境外的实验部分，或在其基础上使用 Praat 软件做的合成语音。实验句的听辨以组为单元，在实验室环境下每组内以句为单位随机播放，句与句之间间隔五秒，每句只听一遍。学生听辨每句后随即强制性作出陈述或感叹语气的判断。统计时，每个感叹判断计 1 分，陈述判断计 0 分，将每个句子在 20 名学生中的累计得分除以 20 即得到该句的感叹系数，系数越高则感叹语气的认同比例越高；反之则越低。

第一组实验旨在测试并比较调域与调阶对感叹语调感知的影响。抽取四个原始实验句，在保持调阶不变的前提下，将两个陈述句的调域分别放宽至原来的 1.5 倍、2.0 倍和 2.5 倍，将两个感叹句的调域压缩至原来的 0.75 倍和 0.5 倍；在保持调域不变的前提下，将两个陈述句的调阶分别抬高 50Hz、100Hz、150Hz、200Hz，将两个感叹句的调阶分别降低 20Hz、40Hz。这样连同原句共计产生 26 个听辨句。听辨结果显示，随着调域的扩展、调阶的上抬，陈述语调感知为感叹语调的比例增加（感叹系数最大分别由 0 递增至 0.45，由 0.05 递增至 0.80）。同时，随着调域的变窄、调阶的下沉，感叹语调的感知比例减小（感叹系数最大分别由 0.95 递降至 0.10，由 0.95 递降至 0.15）。这些现象表明，调域的宽度以及调阶的高度均与感叹语调的感知呈正相关，同时在利用陈述语调合成感叹语调时，调域的扩展比调阶的上抬效果更为显著。

第二组实验旨在测试重音对感叹语调感知的影响。抽取六个原始实验句，在保持其他部分不变的前提下，将一个陈述句的重音高值分别向上扩展至原来的 1.5 倍、2.0 倍和 2.5 倍；将另两组陈述句与感叹句的重读音节互换。这样，本组内连同原句共计产生 13 个听辨句。听辨结果显示：第一，随着重音的加强，陈述语调感知为感叹语调的比例显著增加（感叹系数由 0 递增至 0.7）。第二，重音替换后，原来的陈述语调感知为感叹语调的比例显著增加（感叹系数最大由 0 陡增至 0.7），尽管其感叹系数受音色等其他因素影响仍不如相应的感叹语调高（0.9）。同时，重音替换后，原来的感叹语调的感知系数显著剧烈降低，几乎完全失去感叹语气（感叹系数最大由 0.9 骤降为 0.1）。综上，可以看出，重音的强度对于感叹语调的感知至关重要，重音的加强可以使陈述语调向感叹语调转化，同样，重音的减弱也可使感叹语气丧失殆尽。

第三组实验旨在测试调首音阶与调尾音阶的上下调节对感叹语调感知的影响。抽取两个原始感叹实验句，在保持其他部分不变的前提下，将这两句的调首音阶或调尾音阶分别上移或下移 4 个、8 个、12 个半音。这样，本组内连同原句共计产生 26 个听辨句。听辨结果显示，无论抬高或降低感叹语调的调首音阶或调尾音阶均导致感叹的感知比例下降，并且音阶降低比抬高对感叹语调听辨的负效应更为显著（抬高时感叹系数可由 0.85 递降至 0.50，降低时感叹系数可由 0.85 递降至 0.20）。

第四组实验旨在比较重音、调首及调尾音阶的上抬对感叹语调感知的影响。抽取两个原始陈述实验句（感叹系数均为 0），在保持其他部分不变的前提下，将两句的调首音阶、调尾音阶、重音高值分别抬升 4 个、8 个、12 个半音。这样，本组内连同原句共计产生 20 个听辨句。听辨结果显示，随着调首音阶、调尾音阶、重音高值的上抬，陈述语调听辨为感叹语调的比例均会增加，且重音上抬的作用最强，其次为调尾上抬，调首上抬最弱（三者上抬调节产生的最大感叹系数分别可达 0.95、0.70、0.55）。

综合四组实验的结果可以看到：一方面，就感叹语调本身而言，调域、调阶、重音、调首、调尾对感叹语气的感知均有着或大或小的影响。调域的压缩、调阶的下沉、重音的减弱、调首与调尾音阶的上抬，尤其是下沉均会导致感叹语气不同程度地减弱甚至完全消失。在五种因素中，调首与调尾的这种特定的音高要求值得注意，它表明感叹语调的调首音阶与调尾音阶并非像重音一样越强越好，或像调域一样越宽越好，而是需要维持各个特定的音阶位置。具体而言，据发音实验统计结果，相对陈述语调而言，感叹语调调首音阶有适量幅度上抬，而调尾的音阶则维持不变或只发生少量浮动。

另一方面，利用陈述语调合成感叹语调时，调域比调阶、重音比调首与调尾、调尾比调首的作用更为显著。结合声学分析结果来看，前面两组比较很容易理解，但调尾与调首的比较似乎与声学分析的结果不一致。如前所述，声学分析数据显示，与陈述句相比，感叹句的调首音阶上抬明显而调尾音阶变化并不明显。仔细听辨第四组合成实验的相关实验句后发现，尽管重音模式为中重，但在相关陈述句中调尾音节仍带有较轻的尾重音，这样，合成实验中调尾的上抬在感知上实际部分起到了加强尾重音的效果，因而与调首相比才产生了更强的感叹效果。

本节四组合成与听辨实验显示，强重音与宽调域是感叹语调构成与感知的两个最重要的要素。此外，调首与调尾的音阶也有一定作用，但相对较弱，主要表现为需维持在各自特定的音高位置。可以看到，这些发现与发音实验的结果是比较吻合的。

4. 结论

本研究对汉语无标记类感叹句语调进行的声学分析与合成听辨实验，其研究结果均表明，在调阶、调域、重音、调首边界调、调尾边界调五个因素中，强重音和宽调域是汉语无标记类感叹语调构成与感知的两个最重要的要素。重音的加强与调域的加宽可以使陈述语调向感叹语调转化，同样，重音的显著减弱与调域的显著压缩也可使感叹语调丧失殆尽。此外，较高的调首边界调与较低的调尾边界调也是汉语无标记类感叹句感叹语调的重要特征。尽管合成与听辨实验表明，调阶的高度与感叹语调的感知呈正相关，但声学分析显示感叹语调中调阶的上抬并不显著。从发音角度看，无标记感叹语调中，重音的加强引起重音高值的抬升，调首因协同发音也随之上抬，同时，由于全调调阶总体上变化不明显，因而全调调域也随之加宽。最后，实验发现，汉语无标记类感叹语调的具体音高走势与其重音模式密切相关。全重与后重比较相似，而前重与中重比较相似。具体表现为，前重与中重时，重音与调域增量均十分显著，且调尾与调阶的变化均不显著。全重与后重时，重音增量均比前重与中重时小，且调尾均有明显上抬。在四种重音模式下，调首的增量虽相对较小，但均十分稳定。

五　普通话命令句语调

这一节内容介绍汉语命令句和祈使句语调的研究（路继伦、孙佳，2010）。命令语气主要体现在最后一个重读音节上，无论句末重读音节是什么声调都会表现为整个语调音高模式中的核心突显，同陈述句相比其音高曲拱明显上提，而且，其终点的提升大于起点提升，形成递增性提升，呈现出一种加大的斜率。边界调为上声时，也表现为终点的提升大于起点的提升，形成加大的斜率，且音高曲拱基本体现为一直上升。命令句的整体时长跟陈述句相比缩短了，但命令句中的焦点词汇或短语的时长比陈述句短得较少甚至不短，而时长的缩短主要体现在表现为核心音高重音的音节或焦点词或短语前面的准备部分。根据命令句音高及时长特点，构建出命令句语调音系模式。

（一）祈使句与命令句

祈使句是表示请求、命令、劝告、催促的句子，句末常用"吧""呀""啊"等助词。句末用句号，语气较强的用感叹号（《辞海》，1979）。一般的语法著述把祈使句分为表示命令的、表示请求的、表示禁止的和表示劝阻四种。命令句包括在祈使句范围内，表示严厉的命令、禁止等。命令句可以是肯定的，也可以是否定的。本研究依据石佩雯（1980）的分类，将祈使句划分为命令禁止式祈使句和请求劝阻式祈使句，集中研究句末不带助词的表示命令和禁止语气的祈使句，本文通称命令句，研究重点放在命令句的音高和时长上。同时根据命令句音高及时长特点，构建出命令句语调音系模式。

以前的研究表明，在双音节命令句中有两种音高模式：一种是第一音节重读，第二音节往往读成轻声音节；另一种是第二个音节重读，较常见。超过三个音节的，核心音高重音通常落在最末一个音高重音上（路继伦，2007）。而双音节命令句的两种音高模式都可以说是核心音高重音落在倒数第一个重读音节上，这实际上跟多音节的核心音高重音的表现是一致的，即最后一个重读音节的音高高点为全句各韵律词音高高点中最高的。

（二）边界调的声学分析

这里的边界调指最后一个重读音节与边界调共同形成的广义上的边界调。Ladd（1996）认为，同其他语音学特征相比，音高与语调更为相关。林茂灿（2006a，2006b，2012）认为，汉语疑问的边界调音高（F_0）曲拱的斜率比陈述的大，或音阶比陈述的高，或斜率大、音阶也高。汉语命令句核心音高重音（音高曲线最高处）通常落在最末一个音高重音上，汉语命令句的命令语气信息的表现恰恰也是在广义边界调上。因此，命令句边界调音高曲拱的研究也就十分重要。

1. 边界调音高表现

汉语命令句中表现为音高重音的重读音节中，最后一个重读音节往往是全句几个韵律词音高高点中最高的，即几个音高突显中最突出的，无论句末重读音节是什么声调，哪怕是上声调，都会表现为整个语调音高模式中的核心突显。同陈述句相比，其音高线明显上提。命令句中最后一个重读音节的声调（当后面还有弱读音节时，会连同后面的弱读音节一起）表现为边界调。命令句边界调的音高曲拱并不仅仅表现为对其相应陈述句调形的整体提高，而且表现为某种斜率的变化，即音高曲拱终点的提升大于音高曲拱起点的提升。图12—图15给出第二音节为不同声调的两音节词的陈述句与其命令句音高曲线的比较图。图中粗线为命令句的音高曲线，细线为陈述句的音高曲线。

图12是"快说"的命令句与陈述句音高曲线。命令句的焦点为阴平"说"，它同时也表现为整句的边界调。陈述句的阴平"说"的起点为141Hz，终点为145Hz；而命令句"说"的起点为200Hz，终点为253Hz。起点提高了59Hz，提高约42%；终点则提高了109Hz，提高约75%。终点的提升大于起点的提升，形成递增性提升，表现为一种加大的斜率。

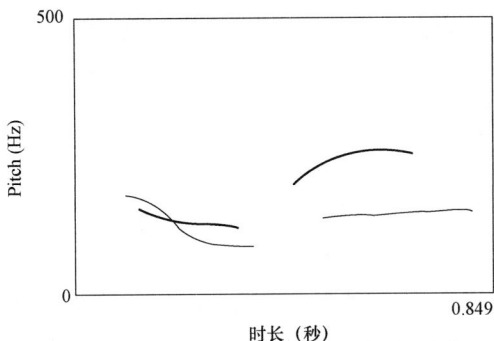

图 12 "快说"命令（粗线）与陈述（细线）音高曲线

图 13 是"接球"的命令句与陈述句音高曲线。命令的边界调为阳平"球"。陈述句的阳平"球"的起点为 123Hz，终点为 145Hz；而命令句中"球"的起点为 215Hz，终点为 278Hz。起点提高了 95Hz，提高约 84%；终点提高了 134Hz，提高约 92%。边界调为阳平时，同样表现为终点的提升大于起点的提升，形成递增性提升。

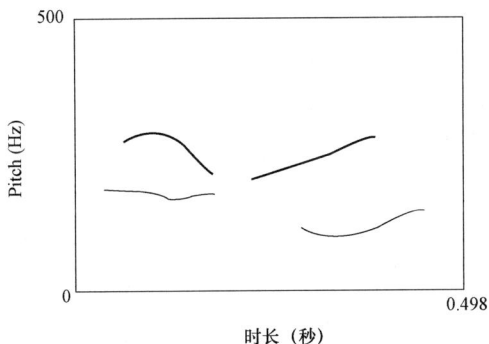

图 13 "接球"命令（粗线）与陈述（细线）音高曲线

图 14 是"快跑"的命令句与陈述句的音高曲线。这个命令句边界调音节为上声"跑"。陈述句的上声"跑"的起点为 90Hz，中点为 77Hz，终点为 108Hz；而命令句"跑"的起点为 130Hz，起点提高了 40Hz，提高约 45%；中点为 145Hz，提高了 67Hz，提高约 87%；终点为 204Hz，提高了 96Hz，提高约 89%。这说明，边界调为上声时，也表现为终点的提升大于起点提升，形成加大的斜率。同时，陈述句明显体现出上声本字调的中间音高值最低的曲线特点，而命令句则体现为一个近乎一直上升的曲线。我们可以看到命令信息即使是落在上声上，其音高峰仍然为全句最高。

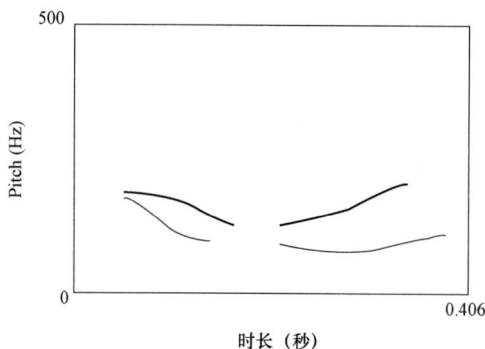

图 14　"快跑"命令（粗线）与陈述（细线）音高曲线

　　图 15 是"起立"的命令句与陈述句音高曲线。命令句边界调音节为去声"立"。陈述句的去声"立"的起点为 184Hz，终点为 79Hz；而命令句中"立"的起点为 274Hz，终点为 181Hz。起点提高了 90Hz，提高了约 49%；终点提高了 101Hz，提高约 127%。边界调为去声时，还是表现为终点的提升大于起点提升，形成递增性提升，表现为一种加大的斜率。

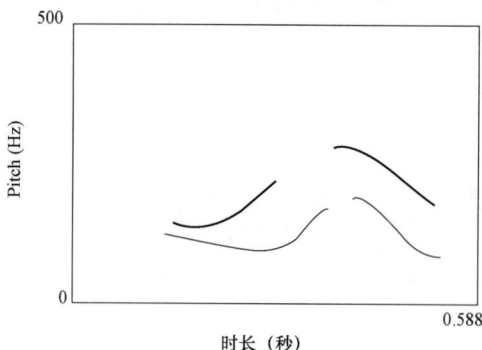

图 15　"起立"命令（粗线）与陈述（细线）音高曲线

　　从以上四个例子看到，命令句边界调无论是阴平、阳平、上声，还是去声，同陈述句相比，其终点的提升均大于起点的提升，形成递增性提升，表现为一种明显加大的斜率。同时，边界调为上声时，不再表现为本字调的曲拱特点，而是体现为近乎一直上升的曲线。

　　2. 边界调的时长表现

　　从人们一般感觉来看，命令句语速要快于陈述句。时长分析结果是，两音节组命令句中后音节如果是非轻音，往往占有更多的时长。命令句中词或短语的时长分配，是命令句区别于陈述句的一个重要因素。表 3 是三组命令句与陈述句的时长对比情况。

表 3			陈述句与命令句的时长对比（单位：秒）					
A	陈述时长	命令时长	B	陈述时长	命令时长	C	陈述时长	命令时长
归列	0.32	0.23	站住	0.25	0.25	起来	0.21	0.24
归	0.14	0.09	站	0.17	0.11	起	0.06	0.03
列	0.18	0.14	住	0.08	0.14	来	0.15	0.21

　　在以上 3 个例句中，同陈述句比较，命令句在时长上似乎没有明显特点，但是，仔细观察后会发现，这三个命令句的前音节都明显短于陈述句的前音节，而前音节恰恰是为表现命令信息的后音节做准备的。两音节组命令句中，如果后音节为非轻声音节，核心音高重音通常落在这个音节上，而它的时长并不一定比陈述句中的短，甚至会比陈述句的长。两音节组命令句时长比陈述句的缩短主要体现在前音节上。

　　再来看较长命令句的时长比较情况。图 16 和图 17 中，上图为陈述句，下图为命令句。

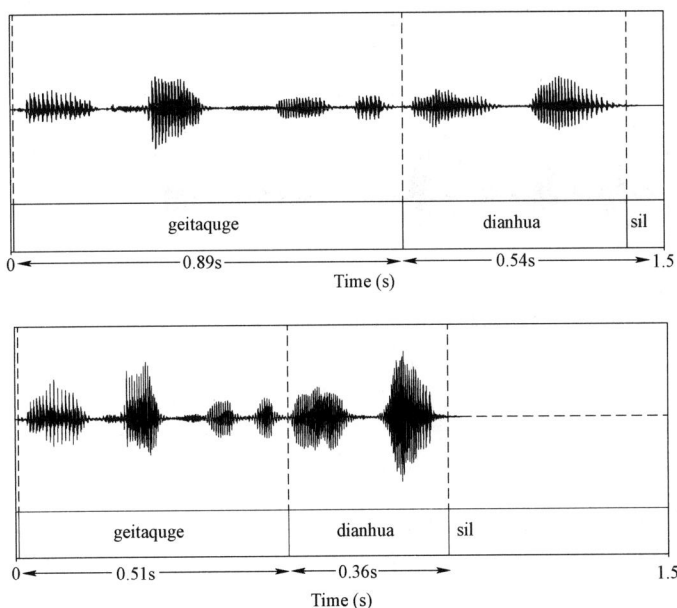

图 16　陈述句（上）和命令句（下）"给他去个电话。"的时长比较

　　图 16 中，命令句"给他去个电话。"的时长要短于其相应的陈述句，但它也不是简单的一概缩短。准备部分"给他去个"和表现为核心音高重音的词"电话"的时长分布并不一致。陈述句中"给他去个"的时长为 0.89秒，"电话"的时长为 0.54 秒。而命令句中"给他去个"的时长为 0.51 秒，

比陈述句缩短 0.38 秒，缩短了约 43%。而处在句末的焦点词"电话"的时长为 0.36 秒，比陈述句只缩短了 0.18 秒，缩短了约 33%。准备部分时长的缩短要大于句末的焦点词时长的缩短。

　　图 17 是一个准备部分比较长的命令句。陈述句中的"我让你办，你就去办。"的时长为 1.75 秒，而命令句中这一准备部分的时长为 1.24 秒，比陈述句缩短 0.51 秒，缩短了约 29%。陈述句中"别问那么多"的时长是 0.92 秒，而在命令句中这一焦点短语的时长为 0.74 秒，比陈述句只缩短了 0.18 秒，缩短仅为约 20%。时长缩短得多的情况仍然主要表现在准备部分。

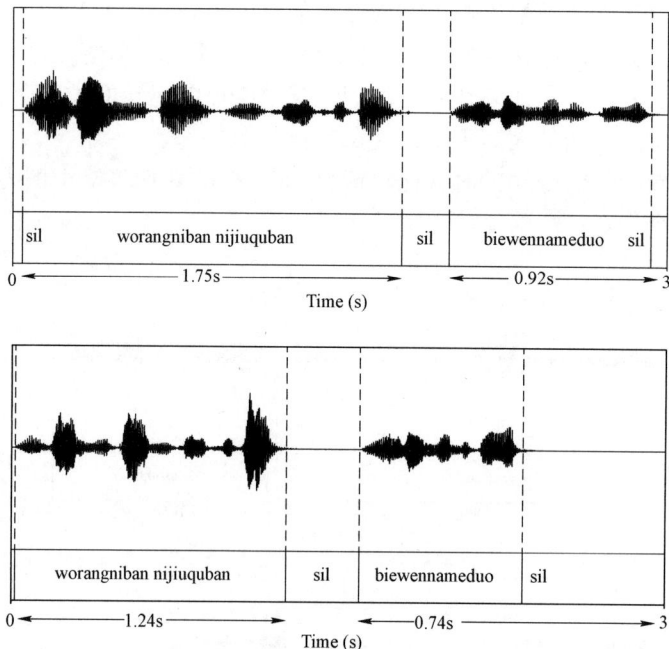

图 17　陈述句（上）和命令句（下）"我让你办，你就去办，别问那么多。"
的时长比较

　　从图 16 和图 17 看到，命令句整体时长跟陈述句相比有所缩短，命令句越长，时长缩短得就越明显。但命令句中的焦点词汇或短语比陈述句在时长上短得较少，而时长的缩短主要体现在焦点词或短语前面的准备部分。这说明时长缩短，特别是准备部分的时长缩短是表达命令信息的重要手段。

　　综上可知，一是命令句句尾边界调无论是何调，同陈述句相比，音高明显提高。同时，终点的提升大于起点的提升，形成递增性提升，表现为一种加大的斜率。二是命令句整体时长跟陈述句相比有所缩短，命令句越长，时长缩短得就越明显。命令句焦点词汇或短语比陈述句在时长上缩短得较少，时长的缩短主要体现在焦点词或短语前面的准备部分。时长缩短，特别是准备部分的时长缩短是表达命令信息的重要手段。

（三）命令句的音系描述与语音实现

根据对于命令句音高和时长的声学分析结果，我们可以用一些符号对命令句进行概括性抽象描述。

（1）#表示命令句。句尾的#表示该句为命令句。其表现是：广义边界调（当后面还有弱读音节时，会连同后面的弱读音节一起表现为广义边界调）的最后一个音高重音的音高曲线同陈述句比较，其起点提高较少，终点提高较多，形成递增性提升。

（2）*表示音高重音。一个命令句中有多少个*号，就表明有多少个音高重音。命令句中的若干音高重音，分别与韵律的音高高点（重读音节）相连接。非重读音节不与音高重音相连，用-表示。

（3）*!表示核心音高重音。核心音高重音的音高高点为所有音高高点中最高的，核心音高重音通常落在最末一个音高重音上。

因此，"* - - *- * - - -*! #"这样一个句子序列，表示该句为命令句，其中有4个音高重音，核心音高重音在最后一个音节上，边界调无论是什么声调，同陈述句相比，起点提高较少，终点提高较多，形成递增性提升。该命令句会比含有与其相同词汇的陈述句在时长上缩短，而表现为核心音高重音的焦点词汇或短语前面的准备部分的时长比陈述句明显缩短。命令句越长，准备部分的时长缩短得就越明显。

（四）命令句语调总结

无论是双音节命令句还是多音节命令句，其核心音高重音的表现是一致的，即最后一个重读音节的音高高点为全句各韵律词音高高点中最高。就音高而言，命令语气主要体现在最后一个重读音节上，无论句末重读音节是什么声调都会表现为整个语调音高模式中的核心突显，同陈述句相比其音高线终点的提升大于起点的提升，形成递增性提升，呈现出一种加大的斜率。边界调为上声时，音高曲线呈现为一个近乎一直上升的曲线。命令句整体时长跟陈述句相比要短，但命令句中的焦点词汇或短语比陈述句在时长上短得较少甚至不短，而时长的缩短主要体现在表现为核心音高重音的焦点词或短语前面的准备部分。命令句越长，准备部分的时长缩短得就越明显。时长缩短，特别是准备部分的时长缩短是表达命令信息的重要手段。依据命令句音高及时长特点，可以构建出命令句语调音系模式。

这里介绍了普通话功能语调包括疑问和陈述语气以及感叹和命令语气的实验研究成果，还需要更多的实验验证，需要各地方言语音加以补充。

六　本章小结

人们用语音表达情感语气的时候，跟正常的中性语调比较，语句的音高模式和重音模式都有变化。由于轻重的变化和语气的影响，音节承载的声调也产生明显变化。这对汉语学习者来说无疑是一个挑战。

由于重音和边界调的作用，一些陈述语气的情感句听起来很像疑问句，如图 18 表达高兴的语句最后一个音节"ji1"不但调阶抬高，而且调形也上扬。这种高边界调虽然不是疑问句的充分必要条件，但仍是必要条件之一，加上调形和时长的变化，使人感知为一个问句就不足为怪了。

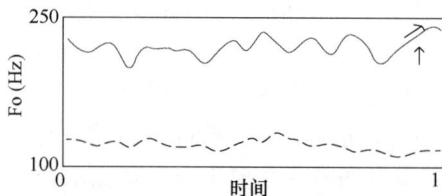

图 18　"西安波音 737 飞机"的音高曲线。上实线表"高兴"，下虚线为"中性"

Ladd（1996）在描述"副语言"和"语调"之间的关系的时候指出，副语言的表达可能会影响词调。我们的语料也确实发现了很多这种现象。如图 19 表达生气情感的句子中，重读词"加工"，其中音节"jia1"在表达生气的句子中很明显变成"jia3"，但是有上下文语境约束，我们一般情况下不会有理解的错误。如果有一句话对应于变调后的词"jia3 gong1"，那么就可能在没有上下文的情况下引起歧义了。比如"我们加工"在生气情况下说成"我们假攻"，整个句子的意思都变了。同时也能看到，生气的情感句引起了边界音节"工"的调尾，出现了一个明显的下降调。这也是连续叠加调的表现。

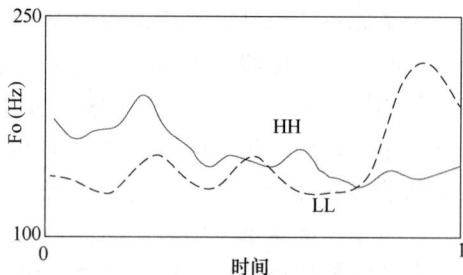

图 19　一个情感表达影响字调的例子，表达生气情绪句"超声波加工"中，
由于情感句重音在末尾，使阴平调音节"加"的声调变成上声调。
虚线是表示生气情感句（语调后），实线为对应的中性句（语调后）

　　实际生活中人们交际语言中的情感和情绪的流动和表达非常复杂，比如一个哽咽、一个特殊的停顿都会表达特定的情感、情绪。情感表达的手段也是多模态的，同时也受到学习者的母语文化背景的影响。面对面的表情表达中，面部表情的作用往往大过声音。所以我们主张语调的学习一定是在交互场景中进行的。

参考文献

陈虎，2008，《汉语无标记类感叹句语调研究》，《语言教学与研究》第 2 期。
陈昌来，2000，《现代汉语句子》，华东师范大学出版社。
高名凯，1986，《汉语语法论》，商务印书馆。
华宏仪，2004，《感叹句语气结构与表情》，《烟台师范学院学报》第 1 期。
胡明扬，1987，《北京话初探》，商务印书馆。
孙佳、路继伦，2010，《汉语命令句音高、时长与音系模式》，《中国语音学报》第二辑。
李爱军，2005，《友好语音的声学分析》，《中国语文》第 5 期。
李爱军，2008，《情感重音研究》，《中国语音学报》第一辑，商务印书馆。
李爱军、贾媛、柳雪飞、张良，2013，《自然口语对话语境中回声问句的解码初探》，*Proceedings of the International Conference on Phonetics of the Languages in China* (ICPLC-2013), Edited by Lee Wai-Sum, published by the Organizers of ICPLC-2013 at the Department of Chinese, Translation and Linguistics, City University of Hong Kong.
林茂灿，2006a，《疑问和陈述语气与边界调》，《中国语文》第 4 期。
林茂灿，2006b，《英汉语调音系对比研究》序，载陈虎著《英汉语调音系对比研究》，河南大学出版社。
吕叔湘，1942，《中国文法要略》，商务印书馆。
沈炯，1994，《汉语语调构造和语调类型》，《方言》第 3 期。
林茂灿，2012，《汉语语调实验研究》，中国社会科学出版社。
沈炯，1992，《汉语语调模型刍议》，《语文研究》第 4 期。
沈炯，1994，《汉语语势重音的音理》，《语文研究》第 3 期。
陶建华、董宏辉、许晓颖，2003，《情感语音合成的关键技术分析》，《第六届全国现代语音学学术会议论文集》。
陶建华、许晓颖，2003，《面向情感的语音合成系统》，《第一届中国情感计算及智能交互学术会议论文集》。
吴宗济，2004，《吴宗济语言学论文集》，商务印书馆。
赵元任，1922，《中国言语字调底实验研究法》，《科学》第 7 卷第 9 期。另见赵元任（2002：27—36）。

赵元任，1929，《北平语调的研究》，《最后 5 分钟》附录，中华书局；《赵元任语言学论文集》，商务印书馆，2002 年。

赵元任，1932a，《国语语调》（1932 年 2 月 8 日的演讲词）。《广播周报》第 23 期；《国语周刊》第 214 期，1935；《赵元任语言学论文集》，商务印书馆，2002 年。

赵元任，1932b，《英语语调（附美语变体）与汉语对应语调初探》，《中研院史语所集刊》，《蔡元培先生六十五岁庆祝论文集》；《赵元任语言学论文集》，商务印书馆，2002 年。

赵元任，1933，《汉语的字调和语调》，《中研院史语所集刊》第四本第三分；《赵元任语言学论文集》，商务印书馆，2002 年。

赵元任，1968，《中国话的文法》，美国加州大学出版社；《汉语口语语法》，吕叔湘译，商务印书馆，1979 年。

赵元任，2002，《赵元任语言学论文集》，吴宗济、赵新那编，商务印书馆。

Darwin, C. 1998. *The Expression of the Emotions in Man and Animals*. London: John Murray (reprinted with introduction, afterword, and commentary by P. Ekman, Ed.). New York: Oxford University Press, (Original work published 1872).

Ekman, P., Friesen, W.V. 1971. Constants across cultures in the face and emotion. *Journal of Personality and Social Psychology* 17, 124-129.

Izard, C.E. 1994. Innate and universal facial expressions: Evidence from developmental and cross-cultural research. *Psychological Bulletin* 115, 288-299.

Campbell, N. 2007. On the use of nonverbal speech sounds in human communication. in *International workshop on Paralinguistic Speech-between models and data*. Saarbrücken, Germany.

Campbell, N., Mokhtari, P. 2003. Voice quality: the 4th prosodic dimension, in *Proceedings of the 15th International Congress of Phonetic Sciences (ICPhS'03)*, Barcelona, Spain, 2417-2420.

Erickson, D. 2005. Expressive speech: production, perception and application to speech synthesis. *Japan Acoust. Sci. & Tech.* 26(4), 317-325.

Ladd, D. R. 1996. *Intination Phonology*, Cambridge University Press.

Li, A. 2015. *Encoding and Decoding of Emotional Speech: A Cross- Cultural and Multimodal Study between Chinese and Japanese* (Prosody, Phonology and Phonetics) 1st ed., Springer.

Lin, M., Li, Z. 2011. Focus and boundary tone in Chinese intonation. *Proc. of the 17th Inter. Cong. of Phonetic Sciences*, Hongkong, 1246- 1279.

Liu, X., Li, A., Jia, Y. 2016. How does prosody distinguish Wh-statement from Wh-question? A case study of Standard Chinese. *Proc. Speech Prosody 2016*, 1076-1080.

Lu, J., Lin, M. 2009. Raising Tail of the Question v.s. the Modal Particle. *Frontiers in Phonetics and Speech Science*. Edited by G. Fant, H. Fujisaki and J. Shen. Commercial Publisher.

Wang, L., Li, A., Fang, Q. 2006. A Method for Decomposing and Modeling Jitter in Expressive Speech in Chinese. *Proc. Speech Prosody 3rd International Conference* (Speech Prosody, 3rd International Conference Dresden 2.5.-5.5.2006). Dresden: TUD Press.

Tao, J., Kang, Y., Li, A. 2006. Prosody conversion from neutral speech to emotional speech. *IEEE Transactions on Audio, Speech, and Language Processing* 14, 1145-1154.

探索语调本质——《汉语语调实验研究》书评[①]

祖漪清

一 引言

一代语言学宗师赵元任先生和刘复（半农）先生等中国语音研究先驱早在 20 世纪初就对声调、语调的性质和论述等方面作出了重大贡献，为中国语音乃至世界的语音研究留下了巨大财富。赵元任（1932）指出："英语和汉语两种语言中都有一项要素的分类，是嗓音基频音调的时间函数，统称为语调。"也就是说，赵元任指出汉语语调跟英语等语言一样，语调体现于音高曲线（F_0）中。

汉语是声调语言，因而，在整体音高曲线中，声调和语调两类信息是同时存在的。刘复先生的《四声实验录》（刘复，1924）研究了声调的音高表现。如何从实际的音高变化趋势中，把语调的音高和声调的音高区分开，从而了解汉语语调的本质，一直是汉语语调研究的难点和重点。中外学者几十年来从不同角度，采用各种方法，不断地探索和研究汉语语调，对汉语语调的认识步步深入，取得了丰富的成果。林茂灿先生的《汉语语调实验研究》（林茂灿，2012）是以赵元任先生的语调学说为指导，运用现代语调的自主音段—节律（AM）理论，汲取调群语调理论的调核要素，以实验为基础研究汉语语调，而写成的一本汉语功能语调专著。

二 汉语语调研究概况

20 世纪初，语音学大师赵元任、刘复就开始了对汉语声调和语调的探索。刘复先生（1924）利用浪纹计测算声调频率，用实验语音学方法确定了当年的北平话声调四声体系；赵元任先生敏锐地提出"汉语的语调实际是词的或固有的字调和语调本身的代数和"，并形象地将声调和句调的关系

---

① 本文发表于《中国语音学报》第 4 辑，2013 年。

比喻成"大波浪和小波浪"，还将重音比喻成"橡皮带"的拉长或缩短（赵元任，1929、1932、1933）。

吴宗济先生在 30 年代就师从赵元任先生，经历战争和社会变革后，于 20 世纪 50 年代开始，在普通话的音段和韵律方面做了一系列的实验研究（1990，1993），提出了变调块和移调思想，提出语调是"必然变调"加"或然变调"。中国社会科学院语言研究所（简称语言所）在吴宗济先生的带领下，开展了系统完整的音段、韵律研究。

此外，沈炯（1985，1992，1994（1），1994（2），1994（3））提出了"声调音域"的概念，并针对陈述句、疑问句和感叹句等不同句型，系统地研究了语句音高曲线的高音线和低音线变化，他认为汉语语调是语句中一系列重音连贯过程表现出来的音域调节的语句类型，汉语语调有调冠、调头、调核和调尾四部分。调核音节的时长对语调类型又有重要的贡献。

许毅（Xu，Y.，2004）提出了平行编码、目标接近模型（PENTA，即 Parallel Encoding and Target Approximation）。在该模型中，局部目标和音节同步。编码参数包括音高目标的高度、斜度和力度。在连续话语中，编码参数控制着各个局部目标的实现。并行编码是指不同功能信息并存且相互独立，如声调、词重音、句型（疑问或陈述）、焦点、话题等，这些信息都会落实到各局部目标上。不存在统一的和以形式为定义的整体语调结构。

石基琳（Shih，C.，1997）和 Yuan 等（Yuan，J.，Shih，C.，Greg P. Kochanski，2002）在汉语普通话语调实验中发现语句的基频曲线有整体下倾的趋势；整体汉语疑问语调和陈述语调主要依靠整体基频曲线的抬高以及疑问语调句末音节音高的提高来区分。

郑秋豫（2008，2010）通过语流中节奏、响度、音段延长和停顿等方面考察语流的韵律表现，提出"阶层式多短语韵律句群"（Prosodic Phrase Grouping，PG），并将韵律层级的概念推广到篇章，认为语篇韵律是来自字调、韵律词、韵律短语、呼吸群和语篇韵律规范的总和，并将 PG 修改成"阶层式多短语语流韵律架构"（Hierarchical Prosodic Phrase Grouping，HPG）。

语调研究的另一条战线，是语音合成的基频模型。具有代表性的模型包括 Fujisaki 模型（Fujisaki，H.，Nagashima，S.，1969，Fujisaki，H.，Hirose，K.，1984）、Tilt 模型（Taylor，P.A.，1992）和 PENTA 模型（Xu，Y.，2004）、Intsint 分析合成模型（Hisrt，D.，2011）、IOP 模型（Hart，J.，

Collier，R. and Cohen，A.，1990）、Stem-ML 模型（Kochanski，G.，Shih，C. and Jing，H.，2003）等。

三　从音高显示器到语调研究——林茂灿先生的语调研究历程

1924 年，刘复先生完成了他的博士学位论文《四声实验录》，开创了定量研究声调的先河。刘复先生用"浪纹计"记录语音波形，然后用他发明的乙二推断尺推算出基频曲线，明确揭示了汉语普通话四声的本质。由于测量声调的过程繁杂，赵元任于 1937 年派吴宗济去上海找中央研究院物理研究所丁西林所长，研制电动画调器。此项工作在战时一直没有完成。20 世纪 50 年代，罗常培、吕叔湘、吴宗济、马大猷和魏荣爵等前辈都对音高的自动提取非常期待和关切。

林茂灿先生在南京大学物理系学习声学时的毕业论文题目是"音高自动提取"。吴宗济先生将此事报告罗长培所长，罗先生请吕叔湘副所长给魏荣爵教授写信，林茂灿先生于 1958 年毕业分配到语言所。林茂灿先生在当时的中国科学院电子研究所语言声学研究室，经过一年多的努力，研制成功了"音高显示器"。但是"音高显示器"要显示基频和波形必须配合双线示波器，用一种底片平移的照相机拍摄，然后冲洗成照片。由于不能实时得到所要的音高曲线，测量基频还是不够方便。"文化大革命"结束后，语言所添置了数字计算机，1977 年初开始，林联合等先生和林茂灿先生合作用数字计算机提取基频，基频曲线可以即时显示出来。从此，语言所关于音高的研究从模拟电子仪器步入数字计算机时代。

借助音高显示的物理手段，林茂灿先生开始了汉语声调和变调研究。他于 1965 年和 1992 年分别发表了关于声调和声调协同发音的两篇文章（1965，1992），接着开展轻重音和韵律研究（1980，1990，2000，2002），后来开展了语调研究，《汉语语调实验研究》一书就是林茂灿先生关于汉语语调的研究成果。

四　《汉语语调实验研究》的主要内容

（一）声调

林茂灿先生通过声学分析主要讨论声音四要素中的音强、音长和音高（基频）这三个要素。他的实验表明：音高对单念音节四声的正确辨认率约为 95%。音高是辨认普通话声调的充分而又必要的征兆。调型段里的音高模式是四声的最小载讯元素。

吴宗济先生（2004）指出，音高显示器"发现声调的开始和结尾还各有一小段的曲线，称为'弯头'和'降尾'。一个单字调有三个段落：弯头段、调型段和降尾段。头尾两段对于听感关系不大，但对语音合成是重要的"。因此，单念音节的音高曲线的弯头段和降尾段对辨认四声来说是冗余的，调型段里的音高模式是四声的最小载讯元素。

（二）词重音

词中有轻声和正常重音。林茂灿和颜景助先生的声学分析（1980）和林焘先生的合成实验（1985）表明，音节强度在普通话轻声中不起什么作用，时长缩短则是轻声的重要特征；能量显著减弱是轻声的重要特点；轻声音节的元音趋于央化。林茂灿先生通过声学分析还证实：阴平、阳平和去声后面的轻声音高呈下降型，上声后面的轻声音高呈中平或略升型。林焘先生的合成实验结果表明，音高在轻声中的作用主要表现在轻声音节起点的高低；时长的作用最重要；缺少音强信息不会影响对轻声的识别。

正常重音指不含轻声音节的单词中的重音。两音节词重音分"重轻"和"中重"两种类型。三音节词中，"中轻重"是最常见的重音模式。

实验表明，单词的音节强度跟正常重音没有太多关系。时长对正常重音音节有辅助作用。

普通话词中正常重音的声调信息也存在于主要元音之中。

总而言之，声音四要素中，对两音节和三音节词正常重音来说，音强没有什么作用，时长起辅助作用。

音强在语音中，为什么不起什么作用呢？I. Lehist（1970）在她的 *Suprasementals* 一书中指出："影响元音响度有以下四个因素：声门下压力、元音固有强度、元音基频与共振峰频率之间的相对关系、元音目标值强度与相邻辅音的过渡音强度之间的差。"四声的音强曲线与音高曲线之间不存在一一对应的关系，直接用强度解释正常重音（及宽焦点重音）也变得比较困难。当然，如果对某一两个音节特别用力以形成强调重音，其基频就会显著加大，音强也会随之加大。

（三）语句重音

在普通话韵律短语中，焦点重音分为窄焦点重音和宽焦点重音，都以音高变化为主。当窄焦点重音落在非上声音节上时，音高高点抬高；当落在上声音节上时，其音高低点下压。而宽焦点是其高点下降，低点比其前面音节的下降快些，末音节音域最大。窄焦点重音的特征是：[+RaiseH]和或 [+LowerL]；而宽焦点特征是：[−RaiseH] [+LowerL] [29]。

（四）语气

林茂灿先生（2004，2006，2008，2011）的实验表明，疑问边界调相对于陈述边界调有三种音高表现，其中最常出现的是，携带疑问边界调音节的起点音高明显高于携带陈述句边界调音节的起点，疑问边界调音节的终点音高比陈述句边界调音节的终点提高得更加明显；林茂灿先生在进一步研究边界调与声调的关系时看到，普通话疑问边界调音高是相对于这个音节声调的抬高，而陈述的边界调音高是相对于这个音节声调的压低。边界调音高的抬高或降低是区分疑问语气与陈述语气的本质。林茂灿先生认为普通话疑问和陈述边界调的特征用符号可以表示为：［+Raise Tone］和［+Lowere Tone］。

陈虎（2008）认为普通话无标记感叹语气的感知要素是强重音与宽调域。重音的加强与调域的加宽可以使陈述语气向感叹语气转化。重音的显著减弱与调域的显著压缩也可使感叹语气丧失殆尽。感叹语气的基本特征是：［+RaiseH'］。

路继伦、孙佳（2010）的研究表明，命令语气主要通过边界调得到体现；命令短语的时长短于陈述短语的时长。命令语气的边界调也是相对于这个音节单念时音高会抬高，其基本特征为：［+RaiseTone*］。

李爱军（2005，2015）分析了高兴、害怕、难过、生气这四种情感句的重音模式与对应中性句重音模式之间的关系，考察发音人之间的情感句重音模式，发现边界调具有表达情感的功能。

五　《汉语语调实验研究》的特色

（一）赵元任语调学说及其意义

赵元任先生认为："语气，口气和重音，通过'代数和'和'橡皮带'，作用于声调和中性语调，生成了'耳朵听到的总语调'。"如图 1 所示。林茂灿先生研究的是功能语调。

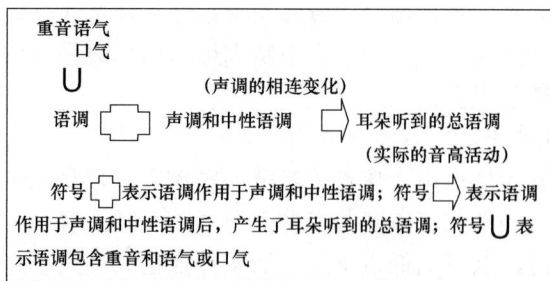

图 1　赵元任语调学说的示意图

赵元任先生对汉语字调和句子的语调解释是："可将音节的声调和句子的语调比作小波浪跨在大波浪上，实际是两种波浪的代数和。"林茂灿先生从赵元任先生《北平语调的研究》中说明"代数和"的例子中看到："上升语调"和"下降语调"只作用于句末音节，即"上升语调"使句末音节音高相对于这个音节单念时抬高（音阶抬高），"下降语调"使句末音节音高相对于这个音节单念时降低（音阶降低），但这个音节的调型不变。林茂灿通过一系列实验验证了赵先生"代数和"主张的科学性，从而提出了"汉语也有边界调"。

赵元任先生用"橡皮带"比喻重音性质。赵先生在《中国话的文法》（1968）中提出汉语重音"从音位学的观点看，最好分为三种：正常重音、对比重音和弱重音"，"在没有中间停顿的一连串的正常重音中，无论是短语还是复合词，其实际轻重程度不是完全相同的，其中最末一个音节最重。"从这些话看到，赵先生提出的正常重音，实际上是西方有关学者20世纪六七十年代说的宽焦点重音（无焦点重音或自然焦点重音），它们可以存在于词中，也可以发生在短语中；而对比重音相当于窄焦点重音。林茂灿先生用实验证实，赵元任用"橡皮带"比喻重音，既形象又准确。

从语调本身包含重音和语气两个要素看，赵元任语调学说比自主音段（AM）理论早了半个世纪，当然自主音段（AM）理论的贡献还在于提出了音高重音和边界调的特征。赵元任的语调学说具有语言学意义，对语调描写有巨大贡献。

（二）声学分析和感知实验

寻找语音的信息单元或特征，除了声学分析外，还要采用感知实验，而且后者可能更重要。声学分析是基础，感知实验是关键，正如林焘先生在他的《探讨北京话轻音性质的初步实验》一文（1985）指出的："用合成语音办法变换其时长、基频和强度等参数，让本地人测听判断，是探讨轻重音本质的一种很有效的办法。"音高曲线上哪些部分是最小信息单元，哪些部分是冗余的，必须借助于制备刺激的感知实验。

（三）冗余率与语音最小载讯元素

冗余信息（Redundancy）"指超过传递最小信息量的信息量"，或者说是"一个特征如果为识别一个语音单位所不必出现的，就是冗余的"。因而，语音最小载讯元素就是传递某个语音所需的最小信息量，或者说是识别一个语音单位所必须出现的特征。

吴宗济先生在谈到"实验语音学是一门综合学科"（1989）时说："语音中，究竟哪些要素是可以忽略的，哪些是不可缺少的，缺少了它，语音就会失真甚至听不懂。""通信工程需要寻找语言在传输中，哪些频率是必需的，哪些是次要的，因而出现了冗余率概念。也就是说，语音研究需要而且必须找到语声的'最小载讯元素'，需要而且必须去掉那些冗余率。实验证明，元音的最小载讯元素是其前两三个共振峰。"因而，学者们认识到，元音的特征是前两三个共振峰，前两三个共振峰以外的频率成分对传递辨别元音信息而言是冗余的。

林茂灿先生认为声调、正常重音、焦点重音和边界调等都有一定的音高模式。无论单音节还是词语中的音节，其声调的最小载讯元素都存在于调型段中，元音携带了调型的主要信息；音高曲线中的弯头段和降尾段以及过渡部分等对识别这些语音是冗余的。林焘先生认为，时长是轻声的本质，是识别轻声的最小载讯元素，而音强对识别这些语音是冗余的。但是，语音音高曲线上的冗余部分，对语流的自然度是重要的。

（四）普通话语调的最小载讯元素和耳朵听到的"总语调"是什么？

林茂灿先生认为，重音和边界调是汉语语调的本质与核心，语调短语音高曲线上的其他部分由协同发音等因素引起，对语调特征而言是冗余的（redundancy）。他提出汉语语调基于重音和边界调特征的双要素模型，并用图2（图中符号含义见《汉语语调实验研究》（林茂灿）第289页）表示。边界调分成前边界调（语调短语的首音节）和后边界调（语调短语的末了一两个音节），表达疑问、陈述和命令等语气；重音可由窄焦点或宽焦点形成，感叹语气也会引起重音（陈虎，2008）。

	边界调	重音	边界调
疑问或陈述	RT% or LT%		RT% or LT%
感叹		[+RH▲]	
命令			RT*%
窄焦点		[+RH]or[+LL]	
宽焦点		[−RH][+LL]	

图2　汉语普通话语调基于特征的双要素模型

林茂灿先生认为，研究"耳朵听到的总语调"指实际的音高活动，反映了汉语节奏，即通常说的"轻重缓急、抑扬顿挫"。语句节奏是韵律短语节奏和韵律词节奏的综合知觉效果。

（五）关于正常重音的实验

林茂灿先生在20世纪70年代中期开始研究词重音（1980，1990，1992，2000，2002；林茂灿、颜景助，1992）。普通话是否存在正常重音，其声学表现如何，学术界对此有着不同看法。林茂灿先生以认真严肃的态度对待这个问题，使用《普通话水平测试实施纲要》中的词语，陆续花了近七八年时间，进一步研究声调和词重音。《纲要》的词语有表1和表2两部分，包含单音节词、两音节词、三音节词和四音节词，及轻声词和儿化词，由资深播音员方明和于芳朗读。林茂灿先生用表1（少量来自表2）的1099个单音节研究声调，用表1的3358个两音节词及表1和表2的403个三音节词语进一步研究词重音。林茂灿先生认为播音员在朗读这些不含轻声的词语时，好像是在说一个一个"事件的发生"，他们用"极平淡没有特别（的）口气"说出每个词，因而这些词的重音是正常重音。不过发音人朗读时也出现一些偏离正常重音的情况，但偏差的声音很少。通过这个实验，林茂灿先生认为正常重音是发音人以"极平淡没有特别口气"说的重音效果，训练有素的发音人朗读偏差很少。

（六）语调研究的应用及需要深入研究的领域

语音合成系统是语调应用的最好平台。当前语音合成技术取得了长足的进步，接近播音员朗读效果的合成语音已经不再罕见。深入研究语句节奏还不够，还应该扩展到研究篇章的节奏。在篇章的层次上，存在更丰富的语调表现。语音合成的下一个目标是具有高表现力（包括篇章、小说、对话等）的合成效果。

在统计手段日益强大的环境下，语调研究的声学分析成果，可以通过语音合成数据库的标注规范及标注这一载体，在语音合成系统的声学模块（从语音符号到声音）上得到实现。然而语调研究的另一个层面—文本分析端（从文本到语音符号）是实现高表现力语音合成的"瓶颈"，也就是说，如何在文本上判断分段位置、焦点位置、感情色彩等语调表现，可能比语调的声学分析更难。在数据充分的互联网时代，言语工程师和语音学家不能回避文本端的语调分析。

探究语调在汉语中的声学表现及其感知模式，不仅对语音合成、识别等语音系统有重要意义，而且对语音教学有积极作用。大力开展汉语（普通话及各方言）语调和少数民族语言语调（及节奏）的研究，定会推动中国语言的语调研究，让赵元任先生的语调思想发扬光大。

林茂灿先生的专著《汉语语调实验研究》是对赵元任先生和吴宗济先生有关汉语语调研究成果的传承，起到了承上启下的作用，具有重要的理论指导意义和实践意义。

参考文献

陈虎，2008，《汉语无标记类感叹句语调研究》，《语言教学与研究》第 2 期。

刘复，1924，《四声实验录》，上海群益出版社。

李爱军，2005，《友好话语的声学分析》，《中国语文》第 5 期。

路继伦、孙佳，2010，《汉语命令句音高、时长与音系模式》，《中国语音学报》第二辑。

林焘，1985，《探讨北京话轻音性质的初步实验》，《北京语音实验录》，北京大学出版社。

林茂灿，1965，《音高显示器及普通话声调特性》，《声学学报》第 2 期。

林茂灿、颜景助，1992，《普通话四音节词和短语的声调协同发音》，《声学学报》第 6 期。

林茂灿、颜景助，1980，《普通话轻声的声学性质》，《方言》第 3 期。

林茂灿，1990》，《普通话轻声与轻重音》，《语言教学与研究》第 3 期。

林茂灿，2000，《普通话语句中间断和语句韵律短语》，《当代语言学》第 4 期。

林茂灿，2002，《普通话语句的韵律结构和音高高低线构建》，《当代语言学》第 4 期。

林茂灿，2004，《汉语语调与声调》，《语言文字应用》第 3 期。

林茂灿，2006，《疑问和陈述语气与边界调》，《中国语文》第 4 期。

林茂灿，2008，《赵元任语调思想与边界调》，《中国语音学报》第一辑。

林茂灿，2011，《汉语焦点重音和功能语调及其特征》，《中国语音学报》第三辑。

林茂灿，2012，《汉语语调实验研究》，中国社会科学出版社。

沈炯，1985，《北京话的声调和语调》，《北京话语音实验录》，北京大学出版社。

沈炯，1992，《汉语语调模型刍议》，《语文研究》第 4 期。

沈炯，1994，《北京话上声连读的调型组合和节奏形式》，《中国语文》第 4 期。

沈炯，1994，《汉语语势重音的音理（简要报告）》，《语文研究》第 3 期。

沈炯，1994，《汉语语调构造和语调类型》，《方言》1994 年第 3 期。

吴宗济、林茂灿，1989，《实验语音学概要》，高等教育出版社。

吴宗济，1990/2004，《汉语普通话语调的基本句型》，《王力先生纪念文集》，商务印书馆 1990 年。

吴宗济，1993/2004，《普通话语调分析的一种新方法：语句中基本调群单元的移调处理》，《吴宗济语言学论文集》，商务印书馆。

吴宗济，2004，《吴宗济语言学论文集》，商务印书馆。

郑秋豫，2008，《语篇韵律与上层讯息——兼论语音学研究方法与发现》，《语言暨语言学》第 9 卷。

郑秋豫，2010，《语篇的基频构组与语流韵律体现》，《语言暨语言学》第 11 卷。

赵元任：1929，《北平语调的研究》，《赵元任语言学论文集》，商务印书馆。

赵元任：1932/2002，《国语语调》，《赵元任语言学论文集》，商务印书馆。

赵元任：1933/2002，《汉语的字调和语调》，《中研院史语所集刊》第四本
　　第三分；《赵元任语言学论文集》，商务印书馆，2002 年。

赵元任：1932/2002，《英语语调（附美语变体）与汉语对应语调初探》，《中
　　研院史语所集刊》，（蔡元培先生六十五岁庆祝论文集）；《赵元任语言
　　学论文集》，商务印书馆。

赵元任，1968，《中国话的文法》，美国加州大学出版社。

Fujisaki，H.，S. Nagashima，1969，A model for the synthesis of pitch contours
　　of connected speech，*Annual Reportof the Engineering Research Institute*，
　　University of Tokyo，28.

Fujisaki，H.，K. Hirose，1984，Analysis of Voice Fundamental Frequency
　　Contours for Declarative Sentences of Japanese，*Journal of the Acoustical
　　Society of Japan（E）*5（4），233-241.

Hart，J.，R. Collier，A. Cohen，1990，*A perceptual Study of Intonation — An
　　experimental-phonetic approach to speech melody*，Cambridge：Cambridge
　　University Press.

Hisrt，D.，2011，The analysis by synthesis of speech melody：From data to
　　model，*Journal of Speech Sciences* 1（1），55-83.

Kochanski，G.，C. Shih，H. Jing，2003，Quantitative measurement of prosodic
　　strength in Mandarin，*Speeh Communication* 41，625-645.

Lehiste，I.，1970，*Suprasegmentals*，M.I.T. Press，106-153.

Li，A. Qiang Fang，J. Dang，2011，Emotional intonation in a tone language：
　　experimental evidence from Chinese，*ICPhS'2011*.

Lin，M.，2004，Boundary tone of Chinese intonation and its pitch（F_0）pattern，
　　载《语音学与言语处理前沿》（G. 方特和 H. 藤奇博也等主编），外
　　语教学与研究出版社。

Lin，M.，Z. Li，2012，Focus and boundary tone in Chinese intonation，
　　Proc.ICPhS Hongkong，1246-1279.

Shih，C.，1997，Declinationin Mandarin，*ESCA Workshop on Intination：Thery*，
　　Models and Application，Athens Greece.

Taylor，P.，1992，*A phonetic model of English intonation*，PhD thesis，University
　　Edinburgh.

Xu，Y.，2004，Separation of functional components of tone and intonation from
　　observed F_0 patterns，*From Traditional Phonology to Modern Speech
　　Processing：Festschrift for Professor Wu Zongji's 95th Birthday*. Beijing：
　　Foreign Language Teaching and Research Press，483-505.

Xu，Y，2004，Transmitting Tone and Intonation Simultaneously — The Parallel Encoding and Target Approximation（PENTA）Model，*Proceedings of International Symposium on Tonal Aspects of Languages: With Emphasis on Tone Languages*，Beijing，215-220.

Yuan，J.，C. Shih，P. Greg P.，Kochanski，2002. Comparison of Declarative and Interrogative Intonation in Chinese，*Proceedings of Speech Prosody*，11-13.

《汉语语调实验研究》英文书评

林其光　李智强

Phonetica 2016；73：141-143 DOI：10.1159/000445384

Maocan Lin

The Experimental Study of Intonation in Mandarin Chinese（in Chinese）

Chinese Academy of Social Sciences Press，Beijing 2012 347 pages；CNY 62.00

ISBN 9787516108215

Since the seminal work of Chao (1929，1932，1933), a rich body of research，both descriptive and experimental，has been pro-duced to advance our understanding of the lin-guistic functions and physical properties of tone and intonation in Mandarin Chinese，especially regarding the interaction of tone and intonation. The book of Maocan Lin introduced here rep-resents a respectful endeavor in this tradition，with its detailed and carefully designed study on the acoustics and perception of word-，sen-tence- and discourse-level prosodic phenomena. Lin takes Chao's insights as a point of departure and explicitly adopts the autosegmental-metrical (AM) model (Ladd, 2008) in his experimental study of the prosodic system of Mandarin，of which tone and intonation are an integral part. Many earlier findings discussed in the book，including his own，still appear on the required reading list of any scholars who have a serious interest in working toward a general understand-ing of the phonetics and phonology of Mandarin Chinese prosody.

Linguists and speech scientists alike would benefit from the book's historical perspective and its experimental approach. Practitioners in teaching Chinese as a foreign language and researchers in second language acquisition could seek instructional insights or use the book as an entry into the primary literature on Chinese tone and intonation for the acquisition-oriented study that has started to gain strong momentum in recent years (Yang，2011；Zhang，

2013). A modest familiarity with general linguistics or Chinese linguistics is required to understand the line of argument in the book，and readers with-out any background in acoustic phonetics might find the more technical discussions challenging，too.

Lin starts with laying out his general frame-work，approach and methodology in chapter 1 and highlights Chao's classical approach to the interaction of tone and intonation as "an alge-braic sum" (p. 1), realized as the superimposi-tion of smaller waves (tones) on a larger wave (intonation). Chapter 2 summarizes results from production and perception studies of the four lexical tones that are characterized by distinc-tive patterns of fundamental frequency (f_0), in conjunction with optional onglides or offglides. The perception data show that the nuclear vowel in a single syllable probably carries the acous-tic information for the reliable identification of tones. This issue has implications for the align-ment of f_0 targets of tones with the segmental string and is revisited in chapter 3. Disyllabic words from Mandarin Chinese and a Fujian dia-lect are used in two separate studies，both con-firming the claim about the vowel as the key carrier of tonal information in the segmental string. Also in chapter 3，patterns emerging from tonal coarticulation in multisyllabic sequences are discussed，a topic that received extensive attention also from other researchers (Xu，1997). The remainder of chapter 3 deals with word-level stress in disyllabic and trisyllabic words. The key in the experimental design is to minimize the impact of word internal structure or contras-tive focus on the location of word-level stress. For example，f_0 contours show positional effects insofar as they have an expanded f_0 range at the end of the word，due to further lowering the final low f_0 point. Syllable duration seems to not only correlate strongly with position in the patterns studied. Based on his experimental study and other analyses，Lin suggests that the word-level stress falls on the final syllable when all syllables in the word carry one of the four lexical tones (chapter 4). A different pattern emerges when the second syllable in a disyllabic word bears the so-called "neutral tone" (chapter 4). There are both syntactic and morphological restrictions on the distribution of syllables with the natural tone. Moreover，these syllables are found to have a much shorter syllable duration，with vowels being often not fully realized. Lin concludes that syllables with neutral tone are more appropri-ately characterized as being instances of weak stress rather than representing a special tone sandhi. The stress pattern in this kind of disyl-labic word is clearly S(trong)-W(eak), of which native speakers have almost unerring intuition.

In the remaining 3 chapters，the focus shifts to prosodic phenomena at the sentence and dis-course level，which include focus-induced stress (chapter 5)，intonation patterns associated with different sentence types (chapter 6),and a fea-ture-based model of intonation (chapter 7). Lin argues that significant modifications of surface f_0 contours in a prosodic or intonational phrase can be identified in metrically or prosodically prominent positions such as syllables carrying stress associated with narrow focus and，at the end of the phrase，in the form of a boundary tone. This idea is in line with the AM model of intona-tion. For example，narrow focus and broad focus modify the surface f_0 contours of the associated syllable(s) differently. Different sentence-type (i.e. "functional") intonations often correlate with different boundary tones at the end of prosodic domains. Based on previous studies and his own production data，Lin proposes a model of intona-tion in which the surface f_0 contours of a prosodic phrase can be modeled by the combined effects of focus stress and boundary tones. Experimental results indicate that narrowly focused syllables show a significantly higher f_0 peak in combi-nation with the first，second and fourth tones，and a lower f_0 trough in combination with the third tone. Two intonational features are pro-posed to capture this difference：[RAISEH] and [LOWERL]. Broad focus does not raise f_0 peaks，but the pitch range at the end of the prosodic phrase is expanded. Declarative and interroga-tive intonations are distinguished by different boundary tones that either raise or lower the whole tone of the final syllable. Their features are [RAISETONE] and [LOWERTONE]. Lin suggests that the feature-based model captures the significant pitch events related to focal prom-inence and boundary tones in Mandarin Chinese intonation.

It is worth noting that Lin's adoption of the AM model in his analysis of the intonation of a tone language like Mandarin could point to some kind of universality of intonational struc-ture. One of the reviewers has also successfully applied the model to account for the intonational patterns in wh-questions and yes-no questions with and without focus in Chaha，a Semitic lan-guage spoken in Ethiopia (Li, 2002).

The book includes 4 appendices. Though the 2 word lists are useful and relevant to read-ers who are interested in the experimental setup, one may wonder whether it is necessary for the intended readership of a specified book like this one to include brief discussions on the basics of speech production and analysis，and on the inher-ent intensity of vowels.

In terms of the structure of the book，as we noted above，sections 3.2 and 3.3 in chapter 3 on tonal coarticulation and alignment of f_0 tar-gets are thematically more aligned with chapter 2 whereas word-level stress in section 3.1 is the main focus in chapter 4. The rationale behind this arrangement of topics is not clear to us.

In sum，Lin's book is not only a significant addition to the study of Mandarin Chinese into-nation (Yuan, 2004; Liu and Xu, 2005)，but it also has implications for pedagogy，acquisition study，and speech technology. In the pedagogical realm，the focus has been traditionally on teaching the four tones，i.e. those elements of Chinese pho-netics and phonology with which learners tend to struggle the most. The attention to intonation is at best scanty，due to the fact that textbooks and practitioners lack a formal framework that can effectively guide their teaching efforts and meth-ods. Lin's book has provided a foundation for such a much-needed framework. In addition，we are seeing increased adoption of speech analyt-ics in various call centers (Masterson，2013). A better understanding of the characteristics of tone and intonation as outlined in Lin's book facili-tates our effort to model the variations caused by different emotions of the speaker. His book also facilitates developing expressive text-to-speech systems for Mandarin Chinese.

Zhiqiang Li，San Francisco
Qiguang Lin，Menlo Park/Wuxi

References

Chao Y.R., 1929, The Study of Beiping intonation；in Milne AA (ed)：*The Camberley Triangle* (Appendix). Shanghai，Zhonghua Bookstore.

Chao Y.R., 1932, A preliminary study of English into-nation (with American variants) and its Chinese Equivalents. *Ts'ai Yüan P'ei Anniversary Volume*，*Bulletin of Institute of History and Philology*，suppl No. 1，pp. 105-156.

Chao Y.R., 1933, Tone and Intonation in Chinese. *Bull Inst History Philol*，4：121-134.

Ladd D.R., 2008, *Intonational Phonology*，ed.2. Cambridge，Cambridge University Press.

Li Z., 2002, Focus，Phrasing and Tonal Alignment in Chaha；in Csirmaz A，
　　Li. Z.，Nevins A.，Vaysman D.，Wagner M. (eds)：*Phonological Answers*
　　(and Their Corresponding Questions). MIT Working Papers in Linguistics，
　　No. 42，pp. 195-215.

Liu F.，Xu Y., 2005, Parallel Encoding of Focus and Interrogative Meaning in
　　Mandarin Chinese. *Phonetica*，62：70-87.

Masterson M., 2013, NICE Rolls out Fraud Prevention Solution. *Speech*
　　Technology Magazine，January 9，2013.

Xu Y., 1997, Contextual Tonal Variations in Mandarin. *J. Phonet*，25：61-83.

Yuan J., 2004, *Intonation in Mandarin Chinese：Acoustic，Perception，and*
　　Computational Modeling；PhD dissertation，Cornell University.

Yang C., 2011, *The Acquisition of Mandarin Prosody by American Learners of*
　　Chinese as a Foreign Language (CFL)；PhD dissertation，Ohio State
　　University.

Zhang H., 2013, *The Second Language Acquisition of Mandarin Chinese Tones*
　　by English，Japanese and Korean Speakers；PhD dissertation，University
　　of North Carolina at Chapel Hill.

汉英语调的异同和对外汉语语调教学[①]

——避免"洋腔洋调"之我见

林茂灿

一 汉英语调的异同[②]

（一）英语语调及其声学表现

J. Pierrehumbert 1980 年在她的《英语语调的语音学和音系学》（*The Phonology and Phonetics of English Intonation*）一书中提出，英语语调有三个成分：音高重调（pitch accent）、短语重调（phrase accent）和边界调（boundary tone），而音高曲线上的其余部分对语调是冗余的，因为它是由协同发音等因素引起的，语音合成时靠内插来实现。

英语音高重调和边界调用图 1 作简单说明：

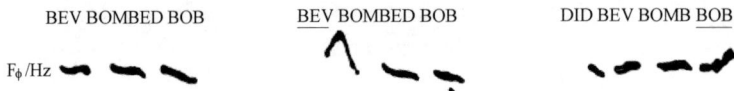

图 1 "BEV BOMBED BOB.", "BEV BOMBED BOB." 和
"DID BEV BOMBED BOB？"的基频曲线

这张图（引自 Ohala，1978，见吴宗济、林茂灿（初版主编），《实验语音学概要》图 9.9，1989；鲍怀翘、林茂灿（再版主编）2014）给出英语陈述语气、疑问语气和重音的基频表现。第一句"BEV BOMBED BOB."是陈述句，也可以说是宽焦点句子，基频缓慢下降，末音节 BOB 下降稍明显；第二句"BEV BOMBED BOB."是窄焦点重音，重音落在第一音节 BEV，基频在这个音节明显上升后骤然下降，后面两个音节又有点下降；第三句

---

① 本文发表于《国际汉语教学研究》2015 年第 3 期。收入本文集时作了个别修改。

② 本文汉语指普通话，语调指由音高实现的功能语调。音高等同于基频。

是疑问句"DID BEV BOMBED BOB？"，基频有点上升，到末音节 BOB
明显上升。从此看到，英语的疑问语气和陈述语气在末音节是使基频上升
和下降；窄焦点重音所在音节的基频突升后骤降，其后面音节基频又有下
降，而宽焦点重音是基频缓慢下降，末音节下降稍明显。

（二）汉语语调及其声学表现

我们根据赵元任（1929）提出的汉语语调学说，吸收有关学者，如 Chang
（1958），胡明扬（1987），劲松（1992），贺阳、劲松（1992），石峰（1999）
等的"句末调"主张，吴宗济（1982），林焘、王理嘉（1992）提出的疑问
句句末"调型不变"主张，研究汉语疑问语调和陈述语调。

赵元任汉语语调学说的主要内容是：语调作用于中性语调，产生了耳
朵听到的总语调，而语调包含重音和语气（比较普遍的口气语调）；赵元任
用"代数和"解释他说的短暂口气（上升语调）和结束口气（下降语调）
与声调的关系，而用"橡皮带"比喻音域，说明语音的轻重，两者用于不
同范畴。我们（林茂灿，2012）通过实验看到，汉语语调和英语一样由重
音（窄焦点重音）和边界调两个要素组成。

1. 疑问语气和陈述语气

（1）疑问边界调和陈述边界调

实验结果表明，短语末了一两个重读音节或首音节的音高表现，对区
分陈述语气与疑问语气起主要的、决定性的作用。边界音节（末音节和首
音节）的调子叫作边界调。

（2）疑问和陈述的边界调与声调

声调语言的疑问边界调和陈述边界调要从声调来生成，必须研究疑问
和陈述的边界调相对于声调是如何表现的，从而得到疑问和陈述的边界调
特性。我们通过以下实验来探讨。

发音人为 4 名中国传媒大学学生（男女各 2 名），先以疑问语气和陈述
语气读句子"这个字读作 X"，X 分别嵌入下列四组单字："猜、才、彩、
菜；搭、打、打、大；滔、逃、讨、套；摘、宅、窄、债"，每人念三遍，
得到疑问和陈述的句子库；然后由男女发音人分别读上述单字，每人三遍，
得到音节库。

然后，由天津师范大学 20 名学生判断句子库中疑问和陈述句是否为疑
问和陈述句，并判断音节库中的单音节声调读得是否正确、自然。最后用
85%以上被判为疑问和陈述的句子进行声学分析。用于进行单音节声调分
析的，也是他们认为读的声调正确、自然的音节。

表 1　　男女发音人读"这个字读作 X",而"X"为阴平、阳平、
上声和去声的疑问边界调和陈述边界调及单念 X 四声音高曲拱的
音阶值(统计的可信度达 **90%**,单位:半音)

	阴平			阳平		
	疑问边界调	末音节声调	陈述边界调	疑问边界调	末音节声调	陈述边界调
男	13.76	10.15	8.63	6.15	4.40	2.50
女	19.76	17.34	15.83	13.82	13.19	11.75

	上声			去声		
	疑问边界调	末音节声调	陈述边界调	疑问边界调	末音节声调	陈述边界调
男	3.14	1.18	−2.00	11.71	8.35	6.49
女	10.41	8.47	3.98	18.81	16.16	14.34

从表 1 和图 2 可以看到,疑问边界调不管阴平、阳平、上声还是去声,其音高曲拱音阶[①]都比相应音节声调的高,而陈述边界调不管阴平、阳平、上声还是去声,其音高曲拱音阶都比相应音节声调的低。人耳听到的是,疑问边界调的音阶比相应声调的高,陈述边界调的音阶比相应声调的低,其主要的语音表现(如图 2 所示)是:疑问边界调为阴平、阳平和去声音高的上升(高),是其音高曲线相对于该边界音节声调音高的上升(起点抬高,终点抬得更高),边界调为上声音高的上升(高),是其转折点后的音高曲线相对于该上声边界音节相应部分的上升(起点和转折点抬高,终点抬得更高),调型都保持不变;陈述边界调为阴平、阳平和去声音高的下降(低),是其音高曲线相对于该边界音节声调的下降(起点下降,终点降得更低),陈述边界调为上声音高的下降(低),是其音高曲线起点与转折点之间音高相对于边界音高相应部分的下降(起点和终点下降,转折点降得更低),调型保持不变。或者,简单地说,疑问和陈述边界调音高的上升(高)和下降(低),是相对于边界音节声调音高曲线相应部分的上升和下降。

[①] 本文的音阶指:阴平、阳平和去声各 9 等分,上声在转折点前 3 等分,转折点后 6 等分,分别得到 10 个音高的平均值;我们用音节的这个音高平均值,表示这个音节音高曲线的音阶。

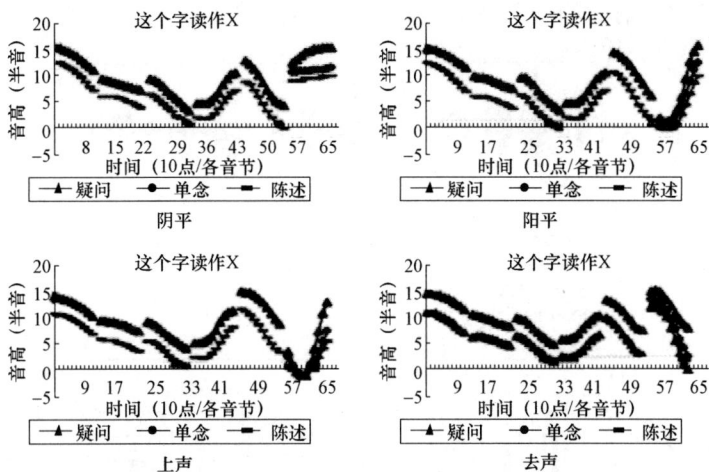

图 2　两位女发音人读"这个字读作 X"，"X"为阴平、阳平、上声和去声疑问和
陈述的各音节音高曲线和单念 X 的音高曲线（各音节音高曲线分别
9 等分取 10 个点；两位女发音人的相应点取平均）

　　我们也可以认为，不管阴平、阳平、上声还是去声，疑问边界调的音高曲拱斜率是因为相对于该音节声调相应部分逆时针加大，而陈述边界调的音高曲拱斜率是因为相对于该音节声调相应部分顺时针加大，而分别使各自的"调型保持不变"；简单地说，疑问边界调和陈述边界调是由于边界音节"音高曲拱斜率的不同"，使边界音节"调型保持不变"。人耳听到的是，疑问边界调相对于声调的音阶高（上升），陈述边界调的相对于声调的音阶低（下降）。这个实验证明了赵元任的"代数和"主张是正确的、科学的。

　　2. 焦点重音

　　赵元任（1968）在《中国话文法》中提出："汉语重音首先是扩大音域和持续时间，其次才是增加强度。""因此，第三声重读时会降得更低，第四声重读时起点更高些，终点降得更低些。"这就是赵元任的"橡皮带效应"。

　　（1）窄焦点重音

　　窄焦点重音落在阴平、阳平和去声音节与落在上声音节，其声学表现不同。窄焦点重音落在阴平、阳平和去声音节时，其音高曲线高点明显抬高，音域加大，时长往往较长（不一定总是长）；短语音高曲线呈凸型，凸峰之前音节的音阶缓升，凸峰之后的音阶骤降，窄焦点重音听起来会觉得音高突显。图 3（图中方框里的音节组成韵律词，韵律词中的几个音节是一起念出来的，下同）中，"你快告诉我。"（左）和"老师傅最喜欢这个。"（右）的两个句子中，其音高曲线在"快"和"最"处呈凸型，凸峰之后音节的音阶比其前面的音节低，这是窄焦点重音落在去声音节的声学表现。

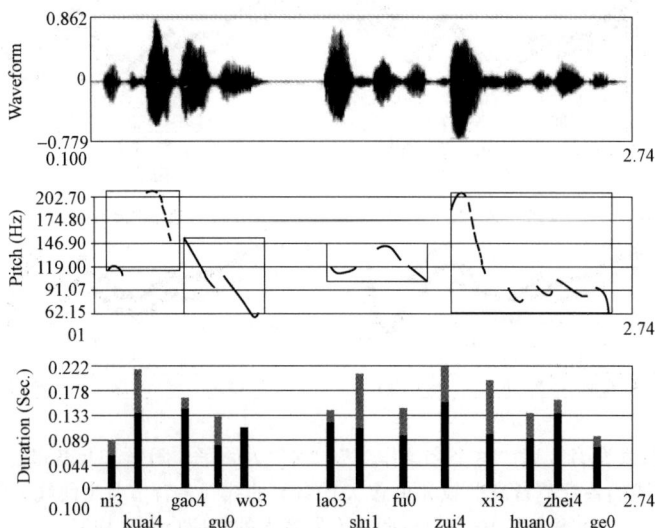

图3　发音人 ZCW 念的"你快告诉我。"（左）和"老师傅最喜欢这个。"
（右）各音节的波形（上）、音高曲线（中）和时长（下）

　　窄焦点重音落在上声音节时，其转折点会下压一些，时长一定长，短
语音高曲线在上声音节处呈凹型，凹处之前音节的音阶往往比凹处之后的
音节高；这种窄焦点重音听起来也会觉得音高突显。图4中上声音节"草"

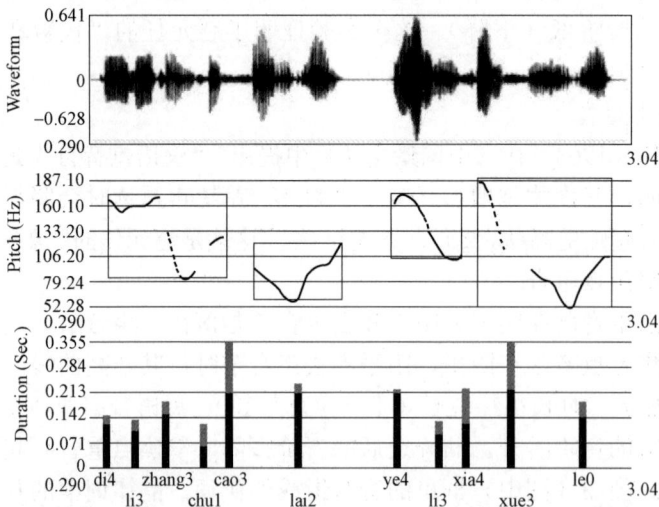

图4　发音人 ZCW 念的"地里长出草来。"（左）和"夜里下雪了。"
（右）各音节的波形（上）、音高曲线（中）和时长（下）

和"雪"的音高曲拱为凹型，音阶低，凹处之前音节的音阶比凹处之后的高；"草"和"雪"为重音，听起来会觉得音高突显。

（2）宽焦点重音

宽焦点重音音高曲线的特点是，短语中后面韵律词高点不会比其前面的高，但低点逐步下降，即后面韵律词的音阶比前面的音节低，末了一两个音节的音域较大，基频曲线往往像四声那样，给人的感觉是"重"，听起来明显、清晰，与窄焦点重音的听感不同。

从图5（左）"农民学文化。"音高曲线看到，"学文化"音高曲线的高点比"农民"的低些，而低点却低得多，"学文化"音域比"农民"大，音阶比"农民"低得多；在"学文化"中，"文化"音域比"学"大，音阶比"学"低，时长长，"文化"音高曲线与单念时相似，听起来清晰、明显。"农民学文化。"中，"文化"重。图5（右）"大家看电影。"中，"看电影"音高曲线的高点比"大家"的低，低点比"大家"低很多，音域比"大家"大，音阶比"大家"低，而在"看电影"中，"电影"音域比"看"大，音阶低，时长长，"电影"音高曲线与单念时相似，听起来清晰、明显。"大家看电影。"中，"电影"重。

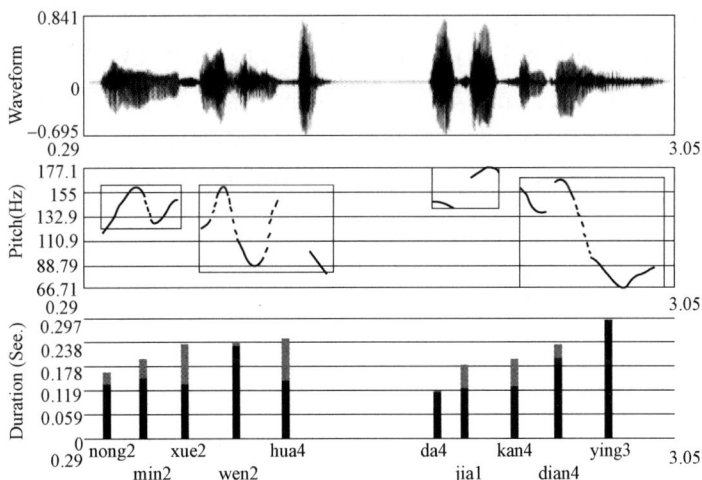

图5　发音人 ZCW 念的"农民学文化。"（左）和"大家看电影。"
（右）各音节的波形（上）、基频曲线（中）和时长（下）

（三）汉英语调在重音和边界调上的不同表现

虽然汉英语调都包含重音和边界调两个要素，但是由于汉语是声调语言，因此其边界调和重音的声学表现跟英语有巨大差异。

在边界调方面，英语疑问边界调的基频为上升，陈述边界调的基频为下降。汉语疑问边界调，不管阴平、阳平、上声还是去声，其音高曲拱的斜率相对于该音节声调的逆时针加大而上升，而陈述边界调音高曲拱的斜率相对于该音节声调的顺时针加大而下降，使疑问边界音节和陈述边界音节的调型不变。人耳听到的是，疑问边界调比其边界音节单念声调的高，陈述边界调比其边界音节单念声调的低，即疑问边界调高而上升，陈述边界调低而下降。疑问边界调和陈述边界调与边界音节声调的关系用图 6 表示，它是从图 2 构建出来的。

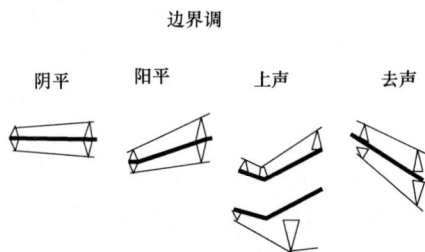

图 6　汉语边界调音高模式与声调模式之间关系的示意

在重音方面，英语音高重音分高调和低调，一个音节既可读高调，也可读低调，而汉语窄焦点重音只在阴平、阳平和去声（高调）之前音节的音阶缓升，其后面音节的音阶骤降，而在上声（低调）音节处音高下压，其后面音节的音阶可能上抬；英语的宽焦点重音是其基频逐步下降，而汉语是其音阶下降，末音节基频像四声那样地完整。图 7 是汉语窄焦点重音和宽焦点重音的音高及其前后音节的音阶走向示意图（首音节和末音节为重音的略），它是从图 3、图 4、图 5 构建出来的，下面将用例子进一步说明它的含义。

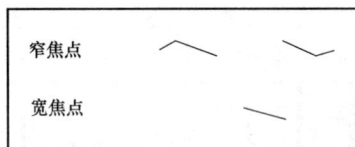

图 7　汉语窄焦点重音和宽焦点重音音高及
其前后音节音高的音阶走向示意图

二　语调教学

我们认为，对外汉语语调教学的关键在于抓住汉语边界调和重音的特点（图 6 和图 7 说明了其特点），使外国学习者说出的话语有问有答、语气分明，有轻有重、轻重分明，避免出现"洋腔洋调"。

（一）边界调教学

汉语边界调的特点是：疑问边界调的音高曲线是相对于该音节声调相应部分而上升，而陈述边界调的音高曲线是相对于该音节声调相应部分而下降，使其调型保持不变。外国学习者如能掌握这个特点，就能使说的话语有问有答、语气分明。

赵元任（1929，1933）曾举例说，如一个学习汉语的西方学生正确地说一个句子：

这个东西↗好，那个东西↘坏。

然后又错误地说一个句子：

这个东西↗坏，那个东西↘好。

赵元任明确指出，西方学生的错误是仅仅在使用句调，而排斥字调；赵元任又明确提出，改正学生语调错误的最基本的办法是告诉他，即使"坏"出现在悬念（短暂）子句末尾，也应该保持下降的声调，即使"好"出现在结论（结束）子句末尾，也应该保持上升的声调，即克服这种"洋腔洋调"最基本的办法在于子句（即短语）末音节声调的调型保持不变。

我们认为，使用边界调教学可以使外国学习者学好汉语疑问语气和陈述语气，避免这方面的"洋腔洋调"。例如，先读好"诗""时""始""事"四个声调，然后分别把它们的音高曲拱的起点适当抬高（上声转折点跟其起点做大体一样抬高），其终点抬得更高，产生疑问语气"诗？""时？""始？""事？"；把"诗""时""始""事"四个声调的音高曲拱的起点适当降低，其终点降得更低（上声转折点降低得更低），产生其陈述语气；把双音节词语"写诗""小时""开始""有事"及三音节短语"他写诗""三小时""刚开始""他有事"的末音节音高分别相对于"诗""时""始""事"四个声调音高曲拱做同样的抬高和降低，便可学好这八个词语的疑问语气和陈述语气。外国学习者通过练习逐步掌握"疑问边界调的音高曲线是相对于该音节声调相应部分而上升，而陈述边界调的音高曲线是相对于该音节声调相应部分而下降，使其调型保持不变"这个特点，可以达到说的汉语有问有答、语气分明。

（二）重音教学

1. 汉语重音的特点

汉语重音的特点是：短语窄焦点重音在高调（阳平、阳平和去声）上音高高点抬高，在低调（上声）上音高低点下压，和其后面音节的音阶走向不同，其音域由大变小；宽焦点短语的韵律词音阶下降，末音节基频曲线像四声那样，音域由小变大。我们认为，外国学习者掌握了汉语重音的这个特点，能使说的话语有轻有重、轻重分明，避免重音的"洋腔洋调"。

　　曹文（2010）通过"三音节句韵律分析""含上声三音节组短语焦点的听辨实验"和"基于语料库语句的焦点识别与合成"等大量、深入的研究后提出，"外国人学汉语缺乏调域变化——主要是高音线降阶并持续到句尾——的训练或习惯"，他从研究语料中，分析出 20 个"语调核心单元"。这项研究使他"看到了解决'洋腔洋调'这一老大难问题的曙光"。

　　李智强（在美国从事中文教学和研究）跟笔者讨论"洋腔洋调"问题时曾指出，学汉语的美国学生，短语（窄焦点）重音后面的音高曲线（音阶）该下降的降不下来，该上升的升不上去。

　　汉语四个声调中，阴平、阳平和去声是高调，上声是低调。把短语中的高调（非上声）音节的音高高点抬高，低调（上声）音节的低点（转折点）压低些，产生窄焦点重音。外国学习者掌握了阴平、阳平和去声的音高高点抬高和上声低点的略压低，产生短语窄焦点重音的同时，必须使短语（窄焦点）重音后面音节的音阶该下降的下降到合适程度，该上抬的上抬到合适程度，使音域由大变小，声音由重变轻。例如，"我是英国人"，窄焦点重音如果落在"英"音节上，其音高抬高，接着"国人"的音高曲线就得下降，即音阶下降，使"我是英国人"音阶缓升到"英"音节后骤然下降，音域在"英"音节由大变小，声音由重变轻。又如，"我是美国人"，"美"和"我"都是上声，如果窄焦点重音落在"美"音节上，"美"的转折点比"我"低，音高曲线呈凹型，其后面的"国人"音阶比"美"高，使"我是美国人"的音域在"美"音节由大变小，声音由重变轻。这两个短语各音节音高曲线，正如图 7 所示：窄焦点重音落在高调上音高抬高，落在低调上压低一点，和其后面音高的音阶走向不同（下降和上升）。

　　要通过学习一个一个窄焦点重音短语（小句），掌握窄焦点重音落在高调上音高抬高，落在低调上压低些，和其后面音高的音阶走向不同，使音域由大变小的特点，使声音由重变轻。

　　用宽焦点重音说"我是英国人"和"我是美国人"，并将"我是"与"英国人"和"美国人"作为韵律词分别组合说出来，"英国人"和"美国人"音高曲线的高点不会比"我是"高，但低点比"我是"低得多，即"英国人"和"美国人"音阶比"我是"低，而且"人"的音高曲线与单念相似，这样就得到这两个短语的宽焦点重音的音阶走向（如图 7 所示）。

　　教学中可指导学习者学习一个一个宽焦点重音句子，掌握"短语韵律词的音阶下降，末音节基频曲线往往像四声那样，使音域由小变大"的特点，达到声音由轻到重。

　　2."重轻"型双音节词语的音阶走向

　　林茂灿、颜景助（1980）通过研究发现普通话轻声性质如下：在"重轻"型双音节词语里，轻声时长比前面重读音节缩短约一半，轻声音高随前面重读音节的声调而变化（即阴平、阳平和去声后面的轻声音高呈下降型，上声后面的音高呈中平或略升型），轻声音节的音色央化。林茂灿、颜景助（1990）实验结果表明，普通话轻声性质跟英语诸语言弱读音节相似，即轻声是弱读音节。

　　林焘（1983）根据他的合成实验结果提出，时长在听辨普通话轻重音时起了非常重要的作用；如果北京话轻声音长确实只是其前面重读音节的一半左右，则轻声调型的升降对听辨的影响应该是很少的。

　　李爱军、高军、贾媛、王雅茹（Li，Gao，Jia 和 Wang，2014）和李爱军、范珊珊（Li & Fan，2015）通过声学心理学实验考察普通话轻声词处于单念、语句焦点位置和语句焦点后位置三种信息结构下，音高和时长两种特征对轻声感知的影响及其感知空间分布模式，发现在轻声的感知中，不同语境中感知空间的分布不同；音高对轻声的感知贡献大于时长；音高和时长对轻声的感知贡献与轻声词所在的语境、轻声音节的底层调密切相关。

　　我们认为，"重轻"型双音节词语音高曲线的音阶走向（见图 8）跟短语窄焦点重音的音阶走向（见图 7）相似。阴平、阳平和去声后面的轻声音高呈下降型，上声后面的音高呈中平或略升型，其音域由大变小。

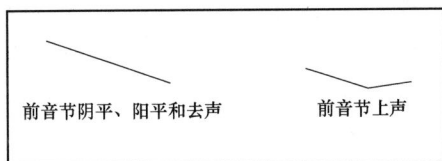

图 8　"重轻"型双音节词的音阶走向示意

　　外国学习者可通过反复念"中重"和"重轻"对立的双音节词语，如"东西—东·西""跟前—跟·前""说法—说·法""兄弟—兄·弟"，"罗锅—罗·锅""别人—别·人""来往—来·往""服气—福·气"，"火烧—火·烧""口头—口·头""起火—起·火""口袋—口·袋"，"将官—将·官""过年—过·年""下水—下·水"和"大意—大·意"等，学习轻声。如能掌握"重轻"型双音节词语音高曲线的音阶走向，音域由大变小，发音时注意轻声音节时长比其前面重读音节缩短约一半，且音色央化，将有助于学好普通话轻声及汉语窄焦点重音。

三　结语

　　英语为非声调语言，疑问信息位于边界音节，说英语者在边界音节使音高上升，产生疑问语气，但是，如果他们说汉语时，没有使边界调的音高曲拱音阶抬高，使其音高曲线上升是相对于相应音节声调相应部分而上升，就难以产生汉语的疑问语气。

汉语疑问语气和陈述语气的边界调音阶分别是相对于单念时边界音节的抬高和降低，其主要的语音表现是：疑问边界调音高相对于相应音节声调的起点抬高，终点抬得更高，陈述边界调的起点降低，终点降得更低。因此，学好汉语疑问语气和陈述语气的关键是，疑问边界调的音高曲线是相对于该音节声调相应部分而上升，而陈述边界调的音高曲线是相对于该音节声调相应部分顺时针加大而降低，使边界音节的调型保持不变。

英语音高重音分高调和低调。汉语阴平、阳平和去声是高调，而上声是低调；窄焦点重音落在高调（非上声）上，短语音高曲线的音阶缓升后骤降，而落在低调（上声）上的音高曲线转折点下压，其后面音节的音阶可能上抬，二者音高曲线的音阶走向不同（前者下降，后者上抬），使短语音域由大变小，声音由重变轻。英语的宽焦点重音是基频逐步下降，而汉语宽焦点重音是短语韵律词的音阶下降，末音节音高曲线往往像四声那样，音域由小变大，声音由轻变重。因此，学好汉语重音的关键是，窄焦点重音落在高调上时音高高点抬高，落在低调上时低点音高压低，其后面音节的音阶走向不同，音域由大变小；宽焦点短语的韵律词音阶下降和末音节音高曲线往往像四声那样，音域由小变大。

外国学习者如能掌握"重轻"型双音节词语音高的音阶不同走向，了解轻声音域由大变小，同时使时长缩短、音色央化的特性，既有助于学好轻声，也有助于学习窄焦点重音。

本文提出的看法为抛砖引玉，我们期望通过汉语教学实践，对本文看法提出改正意见；期望通过大家的共同努力，找到一条科学、有效的汉语语调教学之路，以便外国学习者学好汉语语调，使他（她）们说出的汉语有问有答、语气分明，有轻有重、轻重分明，避免"洋腔洋调"。

参考文献

曹文，2010，《汉语焦点重音的韵律实现》，北京语言大学出版社。
贺阳、劲松，1992，《北京话语调的实验探索》，《语言教学与研究》第 2 期。
胡明扬，1987，《关于北京话的语调问题》，《北京话初探》，商务印书馆。
劲松，1992，《北京话的语气和语调》，《中国语文》第 2 期。
林茂灿、颜景助，1980，《北京话轻声的声学性质》，《方言》第 3 期。
林茂灿、颜景助，1990，《普通话轻声与轻重音》，《语言教学与研究》第 3 期。
林茂灿，2012，《汉语语调实验研究》，中国社会科学出版社。

林焘，1983，《探讨北京话轻声性质的初步实验》，载林焘、王理嘉等《北京语音实验录》，北京大学出版社，1992。

林焘、王理嘉，1992，《语音学教程》，北京大学出版社。

石锋，1999，《汉语语调格局在不同语速中的表现》，《中国语言学的新拓展：庆祝王士元教授六十五岁华诞》，香港城市大学出版社。

吴宗济，1982，《普通话语句中的声调变化》，《中国语文》第 6 期。

吴宗济、林茂灿，1989，《实验语音学概要》，高等教育出版社；增订版：鲍怀翘、林茂灿主编，北京大学出版社，2014。

赵元任，1929，《北平语调的研究》，《最后五分钟·附录》，上海中华书局，载《赵元任语言学论文集》，商务印书馆，2002。

赵元任，1933，《中国字调跟语调》，《中研院历史语言研究所集刊》第四本第二分，载《赵元任语言学论文集》，商务印书馆，2002。

赵元任，1968，《中国话的文法》，美国加利福尼亚大学出版社，1968；载吕叔湘译《汉语口语语法》，商务印书馆，1979。

Chang，Nien-chuang，1958，Tone and intonation in the Chengdu dialect (Szechuan,China)，*Phonetica*，2，59-85.

Li，A.，GAO Jun，JIA Yuan，WANG Yaru，2014，Pitch and duration as cues in perception of neutral tone under different contexts in standard Chinese，In *Asia-Pacific Signal and Information Processing Association (APSIPA)*，*Annual Summit and Conference*，2014.

Li，A.，Fan Shanshan，2015，Correlates of Chinese neutral tone perception in different contexts，In: *Proceedings of the 18th International Congress of Phonetic Sciences (ICPhS 2015)*，Glasgow，Scotland.

Ohala，J.，1978，Production of tone，In: FROMKIN V A. *Tone: a linguistics survey*. New York: Academic Press，1978: 5-39.

Pierrehunmbert，J.，1980，*The phonology and phonetics of English intonation*，Cambridge，MA: MIT Press.

英汉语调的相似性与对外汉语语调教学①

林茂灿　李爱军

一　引言

本文研究英语语调与汉语语调之间在声学或语音表现上的相似性，从"相似不等于相同，相似是客观事物存在的'同'和'异'矛盾的统一"（张光鉴，1992）的相似性定义出发，观察和研究英语语调和汉语语调之间哪些是"同"，哪些是"异"。

本文汉语指普通话。语调特指疑问语调和陈述语调。汉语是声调语言，英语是非声调语言，但是，我们看到的英汉语调，不仅都由重读突显②和边界调两个要素组成，而且英汉重读突显的语音表现存在着"同"和"异"，其语音表现是相似的，其语音特征也是相似的；英汉边界调的语音表现存在着"同"和"异"，其英汉边界调语音表现是相似的，其语音特征上也是相似的。英汉重读突显和边界调都存在"同"和"异"，因而，英语语调与汉语语调之间存在相似性。

本文指出，在对外汉语语调教学中，不仅要抓住英汉语调的"同"，还要掌握其"异"，才能避免学习者的"洋腔洋调"。学习者要想说出来的话语有轻有重，其音高曲线不仅在峰顶处和峰谷处的音域都要扩大，而且峰顶和峰谷后面的音高曲线音域都要显著变窄，其前面的也变窄些；学习者要想说出来的话语有汉语的疑问语气和陈述语气，一定要让汉语边界调音高的上升和下降是相对于该边界音节声调音高曲线相应部分的上升和下降。

本文还讨论了英汉语调相似性的理据等问题。

---

① 在"第三届汉语韵律语法国际研讨会"宣读，北京语言大学，2016年9月23—25日；《中国语音学报》第7辑，2016。

② 英语音高重音引起的感觉是（音高）突显，汉语窄焦点重音引起的感觉也是（音高）突显；英语音高重音和汉语窄焦点重音统称为重读突显。

二　英汉语调及其相似性

（一）英汉重读突显及其相似性

1. 英汉重读突显的音高曲线都像山峰和山谷

（1）英语音高重音的音高曲线像山峰和山谷

英语音高重音包含核心音调和其前的主要音调（leading tone，引领音调）及延展音调（trailing，后续音调）三部分，我们称这三部分为"音高重音域"（核心音调是不可缺少的）。英语音高重音，无论是 7 个还是 5 个，其音高曲线都像山峰（高调和含高调的）和山谷（低调和含低调的），峰（peak）和谷（valley）都落在核心音节上：峰有高有矮、有宽有窄，谷有深有浅；核心音调为一个音节的是窄峰，核心音调为两个或三个音节的是宽峰，叫"帽型"（Ladd，1996；Pierrehumbert，1980；陈虎，2006，2008；马秋武，2015）。山峰的两侧为上坡和下坡，山谷的两侧为下坡和上坡。

音高重音作用在 H 调上形成山峰，如图 1（a）"Marianna"的 L+H*，1（b）中"lovely"的 L+H* 和"Bloomingdale"的 L+!H*，1（d）中"only"的 H*。图中在 F_0 音高曲线上用白色直线表示山峰（上坡后下坡），其上坡是从主要音调的起点音高到核心调的高点音高（山峰的峰顶，下同），而下坡是从核心调的高点音高到延展音调的终点音高。

音高重音作用在 L 调上形成山谷。如图 1（c）中"that"和"Marianna"的 L* 和图 1（d）中"millionaire"的 L*+H。用白色直线表示山谷（下坡后上坡），其下坡是从主要音调的起点音高到核心调的低点音高（山谷的谷底，下同），其上坡是从核心调的低点音高（山谷的谷底）到延展音调的高点音高。

（2）汉语（窄）焦点重音的音高曲线也像山峰和山谷

汉语（窄）焦点重音对于语句音高曲线的作用形成三个不同的作用域：焦点前位置、焦点位置和焦点后位置（Xu，1999；陈玉东、吕士楠、杨玉芳，2009）。这三个作用域我们称之为"重音域"。重读落在阴平、阳平和去声上，其高点抬高，使重音域的音高曲线像山峰；峰在阴平、阳平和去声上（落在单音节词上是窄峰，落在两音节词或三音节词等上的为宽峰），听起来觉得是高调。重读落在上声上，其低点下压些，重音域的音高曲线像山谷；谷在上声上，听起来觉得是低调（林茂灿、颜景助、孙国华，1984；林茂灿，2004；熊子瑜，2006；贾媛、熊子瑜、李爱军，2008；王洪君，2008；Li and Lin，2016）。汉语重音也分为高调和低调。

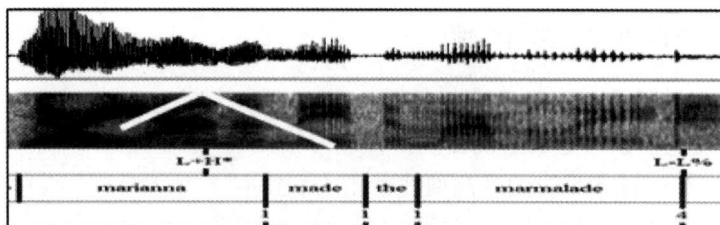

(a) Marianna made the marmalade
　　L+H*　　　　　　　　　　　L–L%

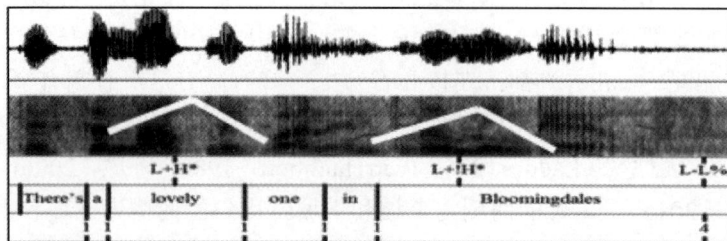

(b) There's a lovely one in loomingdale's.
　　L+H*　　　　　　　　L+!H* L–L%

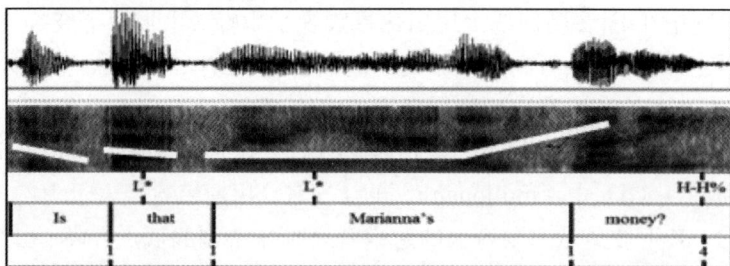

(c) Is that Marianna's money?
　　　L*　　　L*　　　　　　　　H–H%

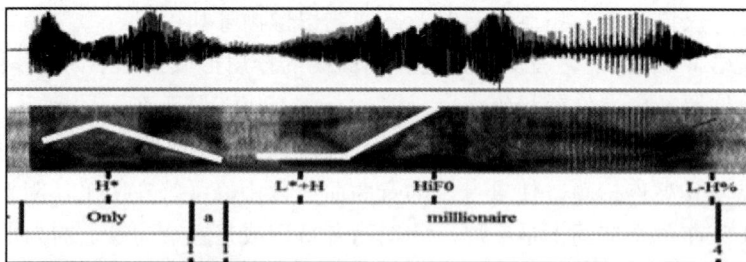

(d) Only a millionaire?
　　　H*　　　　　L*+H L–H%

图1　英语高调的山峰及低调的山谷示意（Beckman，1997）
图中给出了波形图、三维语谱图、音高曲线和三层标注信息：
音高重音、词边界和韵律边界。

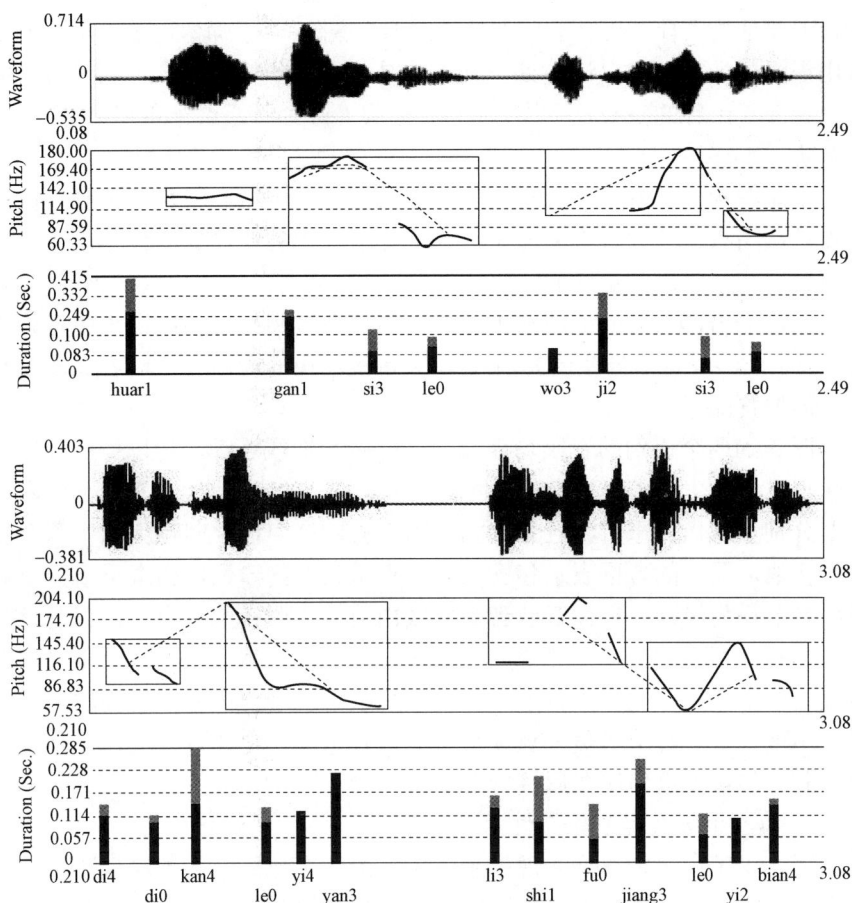

图 2 "花儿干死了""我急死了""弟弟看了一遍"和"李师傅讲了一遍"的波形图、音高曲线图和各音节时长柱状图（浅色部分表示声母时长、黑色部分表示韵母时长，柱状为音节起点），音高曲线上的方框标志韵律词

图 2 中给出了四个语句的波形、音高和音节时长信息，焦点重音落在单音节"干""急""看"和"讲"上，这四个音节分别为四个声调，在音高曲线上形成山峰和山谷。图中"花儿干死了"的山峰用虚线表示（下同），以与英语的实线相区别，峰在"干"处，其上坡是从"花儿"的音阶①到"干"的高点音高（山峰的峰顶，下同），其下坡是从"干"的高点音高到"死了"的音阶；"我急死了"的山峰的峰在"急"处，其上坡是从"我"音阶到"急"的高点音高，下坡是从"急"的音高高点到"死了"的音阶；"弟弟看了一眼"的山峰的峰在"看"处，其上坡是从"弟弟"音阶到"看"的高点音

---

① 音阶单位应为半音。本文为画图方便，把山峰前后音高曲线和山谷前后音高曲线所涉及音节的音高平均值称为音阶；在图中，这个音阶值的大小，表示山峰和山谷前后音高曲线所涉及音节的位置高低。

高，下坡是从"看"高点音高到"了一遍"音阶；"李师傅讲了一遍"的山谷用虚线表示，谷在"讲"处，其下坡是从"李师傅"的音阶到"讲"的低点音高（山谷的谷底，下同），上坡是从"讲"的低点音高到"了一遍"的音阶。

由此看到，汉语山峰两侧的上坡是从音阶到高点音高（从轻读到重读），下坡是从高点音高到音阶（从重读到轻读），而山谷两侧的下坡是从音阶到低点音高（从轻读到重读），上坡是从低点音高到音阶（从重读到轻读）。所以，汉语语调山峰的上坡和下坡及山谷的下坡和山坡的起讫点由音阶决定（表示所涉及音节为轻读）；用音阶表示汉语山峰和山谷两侧音高曲线起讫点的位置高低。

图 3 的四个语句的音段均为浊音，F_0 音高曲线连续，可以更清楚地显示焦点重音产生的山峰和山谷。四句话中，"晕""玩""美"和"乱"四个音节分别承载焦点重音，且分别为阴阳上去四个声调。四句话均由两个韵律词构成，图中的方框表示包含负载焦点重音的韵律词。四个重读音节后接的音节均为轻读，轻读音节音高曲线由前接重读音节决定，一直过渡到句末 L 调。可以看到阴平"晕"和去声音节"乱"承载重音时，山峰都在重读音节上实现，而阳平音节"玩儿"承载重音时，山峰在后接的轻读音节上出现，上声音节"美"重读形成的山谷出现在重读音节上，但是山谷上坡到达的最高点出现在后接音节上。

2. 英汉重读突显的相似性

图 4 是英汉语调语音表现的示意图。图 4 左边显示，英汉重读突显山峰和山谷两侧的上坡和下坡分别用实线和虚线的上箭头和下箭头表示。

英语山峰的峰顶和谷底的位置由音高（基频）大小确定。汉语山峰的峰顶是由阴平起点或终点音高的抬高，阳平终点的音高抬高和去声起点的音高抬高引起，其峰顶的位置也由音高大小确定（重读）；其谷底是由上声转折点的音高下压一些而引起，谷底位置也由音高大小确定（重读）。英语音高重音和汉语窄焦点重音的音高曲线都像山峰和山谷，其峰顶和谷底的音高都由音高（基频）大小决定。英语音高重音和汉语窄焦点重音的音高曲线都像山峰和山谷那样，其峰顶和谷底的位置都由音高（基频）大小决定，这是二者的"同"。

英语音高重音的峰顶音高和谷底音高是重读时直接引起的音高高低，而汉语重音的峰顶和谷底音高是重读作用于高调上和低调上引起的音高抬高和下压，这是英汉重读突显的"异"；英汉重读突显的另一个"异"是，英语山峰的上坡和下坡及山谷的下坡和下坡的起讫点由音高决定，而汉语

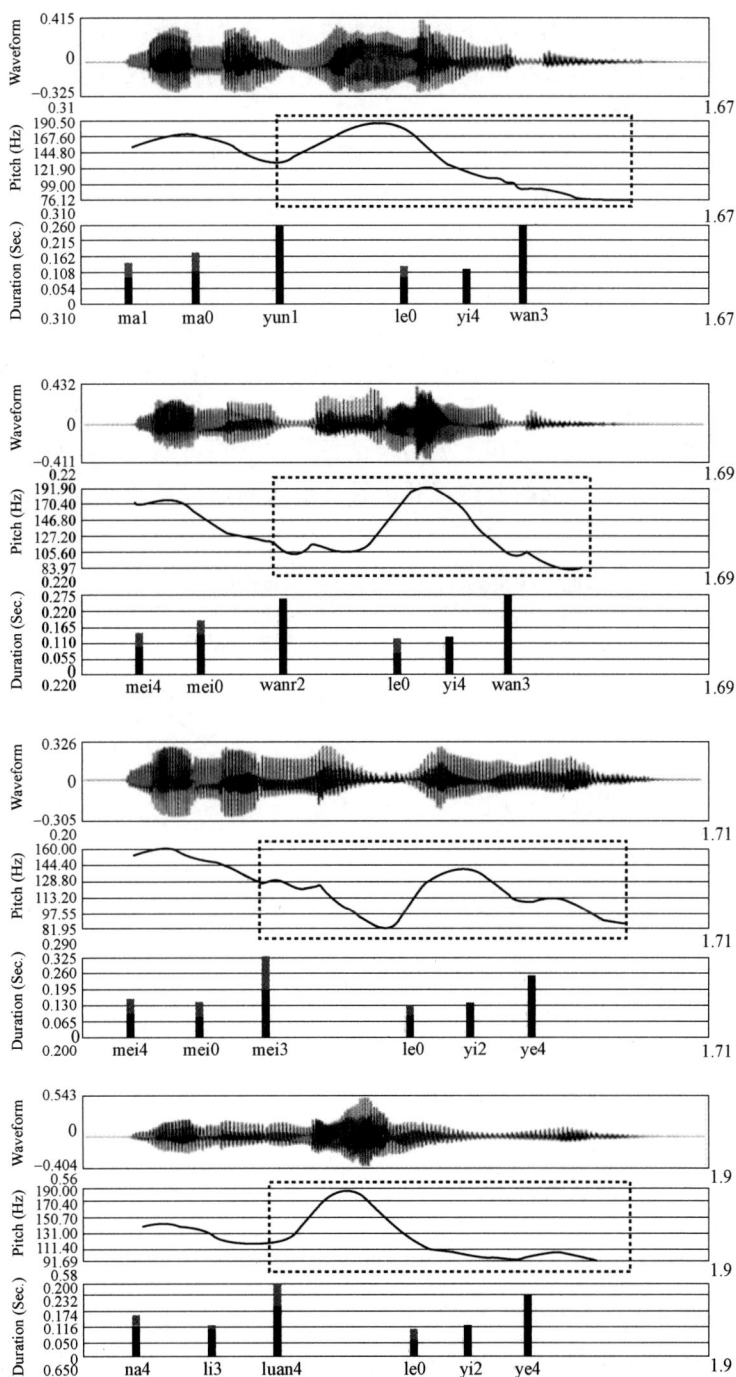

图3 从上到下分别为"妈妈晕了一晚""妹妹玩儿了一晚""妹妹美了一夜"
"那里乱了一夜"四个语句的波形、音高和音节时长分布

山峰的上坡和下坡及山谷的下坡和上坡的起讫点由音阶决定。

英汉的山峰和山谷存在着"同"和"异",因而,英汉重读突显的语音表现存在着相似性。

Pierrehumbert(1980)提出 7 个英语的音高重音,音系表达为:H*、L*、L*+H、H+L*、L+H*、H*+L 和 H*+H,之后 Beckman 和 Pierrehumbert(1986)去掉了 H*+H,在英语语调标准规范 MAE_TOBI(1997)中使用 5 个音高重音 L*、H*(!H*)、L+H*(L+!H*)、L*+H(L*+!H)、H+!H*。汉语的窄焦点重音的语音特征可以描写为:L⁻+RH+L⁻和 H⁻+LL+H⁻,其中,RH(RaisedH)表示汉语阴平、阳平和去声的高调特征抬高,LL(LoweredL)表示上声低调特征压低。而 L⁻表示山峰的上坡和下坡的起讫音阶比峰顶音高低,H⁻表示山谷的下坡和上坡的起讫音阶比峰谷音高高。汉英重读突显的特征都表示其音高曲线像山峰和山谷。汉英重读突显在语音特征上也是相似的。

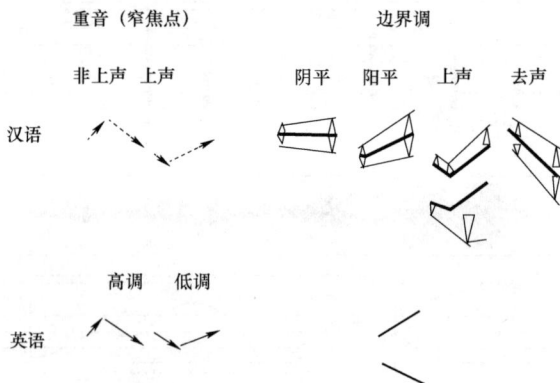

图 4　英汉语调语音表现的示意

注:左边为重音,右边为边界调。汉语的边界调给出了四个声调分别为单念(粗黑线)、
疑问(粗线上边的细线)和陈述(粗线下边的细线)的对比。

(二)英汉边界调和其相似性

1. 英汉边界调音高的上升和下降

(1)英语边界调音高的上升和下降

英语疑问语气和陈述语气由边界音节携带,边界音节的调子称为边界调。英语疑问和陈述边界调是音高的上升和下降,如图 1 用 H%和 L%表示的例子和图 4(右下)的示意图。

(2)汉语边界调

汉语疑问语气和陈述语气跟英语的一样由边界音节携带,汉语边界音节的调子也称为边界调,如图 4(右上)那样。对不带句末疑问语气词的语调疑问句边界调，疑问边界调为阴平、阳平和去声音高的上升（细线，下同），是其音高曲线相对于该边界音节声调音高（粗线，下同）的上升（起点抬高，终点抬得更高），边界调为上声音高的上升，是其转折点后的音高曲线相对于该上声边界音节相应部分的上升（起点抬高，转折点也随着抬高，终点抬得更高），调型都保持不变；陈述边界调为阴平、阳平和去声音高的下降，是其音高曲线相对于该边界音节声调的下降（起点下降，终点降得更低），陈述边界调为上声音高的下降，是其音高曲线起点与转折点之间音高相对于边界音高相应部分的下降（起点和终点下降，转折点降得更低），调型保持不变（林茂灿，2004、2006；Lin and Li，2011；林茂灿，2012；Li and Lin，2016）。

王蕴佳、王理嘉（2013）看到，陈述语调跟疑问语调的最大差别在于句末音节调域向下拓展的程度不同，这个差别当然也就造成了句末音节音高曲线斜率的不同，陈述语调中句末音节的音高曲线斜率要更大些。

2. 英汉疑问和陈述边界调的相似性

从图4（右）示意图可以看出汉英边界调相似性。

英语和汉语的疑问边界调音高特征都是上升的，英语和汉语的陈述边界调音高特征都是下降的，这是二者的"同"，但是，英语疑问和陈述边界调音高曲线的上升和下降是音高的上升和下降，而汉语边界调音高的上升和下降是相对于该边界音节声调音高曲线相应部分的上升和下降，这是二者的"异"。

英语疑问和陈述边界调的语音特征分别表示为H%和L%；汉语疑问和陈述边界调的语音特征可以表示为［+RaiseTone］和［+LowerTone］，二者都表示疑问边界调音高是上升的和陈述边界调音高是下降的，这是二者的"同"，但是，英语的H%和L%是基频的上升和下降，而汉语的［+RaiseTone］和［+LowerTone］是相对于该边界音节声调音高相应部分的上升和下降，这是二者的"异"。汉英疑问和陈述边界调的语音特征存在着这种"同"和"异"，因而，英汉疑问和陈述边界调在语音特征上也是相似的。

三　"同"和"异"与对外语调教学

曹文（2011）提出，"外国人学汉语缺乏调域变化——主要是高音线降阶并持续到句尾——的训练或习惯"。李智强在2014年跟笔者讨论"洋腔洋调"问题时指出，学汉语的美国学生，短语（窄焦点）重音后面的音高曲线该下降的降不下来，该上升的升不上去。

王功平、李爱军（2016）对泰国的汉语学习者焦点重音的产出进行了定量研究，与母语者相比，学习者的焦点重音产出偏误主要集中在音高落差的使用和焦点重音音节本身的音高值上，时长上的偏误不明显；音高落差的偏误最突出；焦点位置和声调类别对上述偏误有显著的影响。

我们认为，在对外语调教学上应该让学习者在看到英汉重读突显"同"的同时，还要看到其"异"；学习者在学习汉语重音时既要看到汉语音高曲线也像英语的那样为山峰和山谷，还要看到汉语山峰两侧的上坡和下坡及山谷两侧的下坡和下坡的起讫点是音阶的，不像英语那样是音高的；学习者一定要使汉语重音的音高曲线，不仅峰顶处和峰谷处的音域都要扩大，而且峰顶和谷底后面的音域要显著变窄，也就是焦点重音后的音域要压缩，产生足够的音高落差。

同时，还需让学习者在看到英汉边界调是上升和下降"同"的同时，抓住其"异"，因为人们在学习汉语疑问语气和陈述语气时，如果没有让汉语边界调音高的上升和下降是相对于该边界音节声调音高曲线相应部分的上升和下降，就会产生"洋腔洋调"。

从图 4（上部）可以看到，汉语语调与声调之间存在着依存关系，非声调语言学习者要学好汉语语调必须先掌握汉语声调，"声调是语音教学的基础"。（李智强、林茂灿，2016）当然，只有学好了语调，声调的学习效果才可巩固。

四　结论和讨论

（一）结论

（1）本文看到英语语调与汉语语调之间的相似性。英语音高重音和汉语窄焦点重音的音高曲线都像山峰和山谷那样，其峰顶和谷底的位置都由音高（基频）大小决定，这是二者的"同"。英语音高重音的峰顶音高和谷底音高是重读直接引起的音高高低，而汉语重音的峰顶和谷底音高是重读作用于高调上和低调上引起的抬高和下压，这是英汉重读突显的"异"；英汉重读突显的另一个"异"是，英语山峰的上坡和下坡及山谷的下坡和上坡的起讫点由音高决定，而汉语山峰的上坡和下坡及山谷的下坡和下坡的起讫点由音阶决定。英汉的山峰和山谷存在着这种"同"和"异"，因而，英汉重读突显的语音表现是相似的，其语音特征也是相似的。

汉英疑问边界调音高曲线都是上升的，汉英陈述边界调音高曲线多数是下降的，这是二者的"同"；英语疑问和陈述边界调音高曲线的上升和下降是音高的上升和下降，而汉语疑问和陈述边界调音高的上升和下降是相对于该边界音节声调音高曲线相应部分的上升和下降，这是二者的"异"。英汉疑问和陈述边界调音高曲线存在着这种"同"和"异"，因而，英汉边界调在语音表现上是相似的，其语音特征也是相似的。

　　（2）本文指出，在对外汉语语调教学中，既要抓住英汉语调的"同"，又要抓住其"异"，使说出来的汉语不出现"洋腔洋调"，使说出来的汉语自然流利。学习者要想说出来的汉语声音有轻有重，其音高曲线不仅在峰顶处和峰谷处的音域都要扩大（听起来为重音），而且峰顶和峰谷后面的音高曲线音域都要显著变窄（听起来为轻读），其前面的也变窄些；学习者要想说出来的话语有汉语的疑问语气和陈述语气，就得让汉语边界调音高的上升和下降是相对于该边界音节声调音高曲线相应部分的上升和下降。

　　（二）讨论

　　（1）英语音高重音的音高曲线像山峰（高调和含高调的）和山谷（低调和含低调的）；汉语窄焦点重音的也像山峰（窄焦点重音落在非上声上的）和山谷（窄焦点重音落在上声上的）。山峰的峰有高有矮、有宽有窄，谷有深有浅；峰顶和谷底两侧的上坡的坡度可小到如声调的弯头那样。

　　本文给出的汉语语调例子中，焦点重音都落在单音节上，对于多音节的情况相对比较复杂，由于声调组合和重读音节位置的不同会出现其他形状，如帽型，留待后面进一步研究。

　　（2）普通话疑问边界调和陈述边界调有三种音高模式（林茂灿，2012），疑问和陈述的音高活动用斜率描述，也可用音阶描述。前面介绍的"疑问边界调，不管是阴平、阳平、上声还是去声，其音高曲线的上升是相对于该边界音节声调音高曲线相应部分的上升；陈述边界调，不管是阴平、阳平、上声还是去声，其音高曲线的下降是相对于该边界音节声调音高曲线相应部分的下降"，是三种模式中最常出现的一种。

　　赵元任先生提出，声调和语调叠加方式有同时叠加和后续叠加两种，而这里也只是提到了同时叠加，在很多副语言学功能中，都会出现后续叠加（Li，2015），也值得在对外汉语教学中加以学习。

　　另外，还需强调一点，对于英语和汉语来说，边界调的语音特征与语义语用表达之间不是一对一的关系，而是一对多的关系。比如英语的 H%，与前接短语调（H 或者 L）进行组合后形成的 edge tone，可以表示呼叫、感叹、惊讶、质疑语气等；汉语的 H%也同样可以表示感叹、高兴、惊讶等语气。（Li，2015；陈虎，2008）

　　（3）英汉语调相似性的理据

　　"心智和思维产生于人跟外界的相互作用，在这个相互过程中，人通过自己的身体获得经验，这个经验用'体验'称之为最合适。'心寓于身'还有一层意思是概念和概念系统的形成要受人类身体构造的制约。例如，人对各种颜色的分辨很大程度上是由人体视网膜的生理构造决定的。"（沈家煊，2005）我们认为，英汉语调的相似性有其认知和生理上的理据。

　　a. 英汉疑问和陈述边界调相似性的理据。

　　朱晓农（2004）指出："所有语言在用语调表示语气时，都毫无例外地用高调或升调表示疑问，用低调或降调表示陈述（Bolinger，1978），如：'我去↗'表疑问，'我去↘'表陈述。这种音高和语义之间的固定关系的原因可以到生物学，尤其是动物行为学里去找。"朱晓农还指出："所谓动物行为学原理是指'高调表小'。小体型动物叫声频率高，暗含无威胁性之意。大体型动物叫声低沉，有进攻性。人类使用音高也符合这原理。爱称小称善意讨好合作撒娇时音高较高。问话时要求合作，态度一般会友善（除非地位不平等），所以此时会使用较高的音高。Bolinger（1978）发现，所有语言如不使用疑问词，问句都是高调或升调。"

　　Ohala（1978）指出："各种语言（包括声调语言、音高语言和重音语言）的 F_0 变化，喉肌肉一定参与了作用。环甲肌对提高 F_0 是主要力量。"疑问边界调音高的上升是由环甲肌引起的，说明人的喉头构造制约了"疑问"概念的形成。

　　b. 英汉重读突显相似性的理据。

　　声带的弹性活动犹如弹簧运动。

　　声带处于正常嗓音状态的上端，在重读作用下，其弹性逐渐增加，F_0 上升，然后弹性自动减少，Ps（声门下压力）也减少，F_0 下降，形成的音高曲线像山峰那样；声带处于正常嗓音的下端，在重读作用下，声带稍稍受压，这时的弹性和 Ps 使 F_0 下降一些，然后弹性自动增加，F_0 上升，形成如山谷那样的音高曲线。孔江平（2001）谈到"低降升调"时指出："在这个声调的中间部分，最重要的特征是声门周期出现了不规则现象，这是气泡音和挤喉音的特征。"

　　曹文（2010）指出："除了其前后音节的高音点落差和时长信息外，T3（上声）本身是否带吱嘎声也是它加重与否的重要因素。"

　　英汉重读突显的相似性，受声带的弹性振动原理制约。

　　（4）"当我们摸清了事物各自迥异的个性后，就需要开始去寻找它们的内在共性，这才是一个明哲、智慧的做法，也是认识事物的最好途径。"（高士其，1992）

　　我们以为，如能深入开展北京话语调与方言语调之间的相似性研究；汉语语调与其他非声调语言如法语、日语等之间的相似性研究；功能语调与情感语调之间的相似性研究，便可找到语调的内在共性。

参考文献

曹文，2010，《汉语焦点重音的韵律实现》，北京语言大学出版社。

陈虎，2006，*English and Chinese Intona-tional Phonology: A Contrastive Study*
（汉语语调音系对比研究），河南大学出版社。

陈虎，2008，《语调音系学与 AM 理论综论》，《当代语言学》第 4 期。

陈虎，2008，《汉语无标记类感叹句语调研究》，《语言教学与研究》第 2
期。

陈玉东、吕士楠、杨玉芳，2009，《普通话语段重音对小句重音声学特征的
调节》，《声学学报》第 4 期。

高士其，1992，"序言"载《相似论》（张光鉴）。

贾媛、熊子瑜、李爱军，2008，《普通话焦点重音对语句音高的作用》，《中
国语音学报》第一辑。

孔江平，2001，《论语言发声》，中央民族大学出版社。

林茂灿、颜景助、孙国华，1984，《北京话两字组的正常重音的初步实验》，
《方言》第 1 期。

林茂灿，2004，《汉语语调与声调》，《语言文字应用》第 3 期。

林茂灿，2006，《疑问和陈述语气与边界调》，《中国语文》第 4 期。

林茂灿，2012，《汉语语调实验研究》，中国社会科学出版社。

林焘、王理嘉原主编，1992；王蕴佳、王理嘉主编，2013，《语音学教程》，
北京大学出版社。

李智强、林茂灿，2016，《对外汉语声调和语调教学之探索》，第二届语言
学与汉语教学国际论坛（IFOLICE-2），北京语言大学。

马秋武，2015，《什么是音系学》，上海外语出版社。

沈家煊，2005，《认知语言学与汉语研究》，载刘丹青主编《语言学前言与
汉语研究》，上海教育出版社，第 1—22 页。

王洪君，2008，《汉语非线性音系学——汉语的音系格局与单字音》（增订
版），北京大学出版社。

王功平、李爱军，2016，《泰国汉语二语习得者陈述句焦点重音产出特征实
验》，中国当代语言学国际研讨会暨第五届中国句法语义论坛，同济
大学。

王蕴佳、王理嘉（增订），2013，载林焘、王理嘉《语音学教程》，北京大
学出版社。

熊子瑜，2006，《普通话的语句音高分析》，《中文信息处理的探索与实践——
第三届 HNC 与语言学研究学术研讨会论文集》，北京师范大学出版社。

张光鉴，1992，《相似论》，江苏科学技术出版社。

朱晓农，2004，《亲密与高调》，《当代语言学》第 3 期。

Bolinger，D.，1978，*Intonation across languages.*，In Greenberg (ed.)，471-524.

Ladd，D.，1996，*Intonation Phonology*，Cam-bridge：Cambridge University Press.

Lin，M.，Li，Z.，2011，Focus and boundary tone in Chinese intonation.，*Proc.of the 17th Inter. Cong. of Phonetic Sciences*，Hangkong. pp. 1246-1279.

Li，A.，2015，*Encoding and Decoding of Emo-tional Speech：A Cross-Cultural and Multi-modal Study between Chinese and Japanese.* Springer.

Li，Z.，Qi，Lin，2016，*The Experimental Study of Intonation in Mandarin Chinese* (in Chinese) by Lin Maocan，*Phonetica*，73，141-143.

Beckman，M.，J. Pierrehumbert，1986，Intonational Structure in Japanese and Eng-lish，*Phonology Yearbook III*，15-70.

Beckman，M.，G. Ayers，1997，*Guidelines for ToBI Labelling* (Version 3) Online MS and accompanying files available at *http://www.ling.ohio-state. edu/~ tobi/ame_ToBi.*

Ohala，J. J.，1978，The production of tone，In：V. A. Fromkin (ed.)，*Tone：a linguistic survey.* New York：Academic Press. 5-39.

Pierrehumbert，J.，1980，*The phonology and phonetics of English intonation*，Cambridge，MA：The MIT Press.

Xu，Y.，1999，Effects of tone and focus on the formation and alignment of F_0 contours，*Journal of Phonetics* 27，55-105.

英汉语调的共性和差异①

林茂灿　李爱军

一　引言

"类型学特有的研究对象，是人类语言间的共同点和差异点，差异的不可逾越之极限也就是语言共性之所在。"（刘丹青，2009）"语言类型研究和语言共性研究可以说是同一事情的两方面。"（沈家煊，2015）"语言与语言之间存在差别，但是差别背后又有共性。""语言之间的差别和共性，受制于不同的因素或条件。其中有语言系统本身的因素，也有语言系统之外的因素。"（陆丙甫、金立鑫，2015）

以往对语言类型的研究大都集中在词汇和句法方面，较少涉及语音，特别是语调韵律。在语调类型研究方面，赵元任在 1929 年《北平语调的研究》中指出，口气语调"是几乎全国一样的，甚至于跟外国语言也有好些相同的地方，"他接着说，"中国话的短暂口气和结束口气，也是一升一降的。"Bolinger（1978）主张语调有普遍性（universalist view）。

已有一些学者更关注语调的类型差异，比如 Jun（2005）编辑的《韵律类型学》（*Prosodic Topology: The Phonology of Intonation and Phrasing*），在自主音段—节律音系学（AM）的语调理论框架下（Pierrehumbert，1980；Ladd，1996），介绍了 13 种语言的语调和韵律结构的类型特点。Liu（2009）对比研究了英语和汉语在语调（疑问、陈述语气的焦点实现等）等方面的相似性和差异。

本文研究英汉语调的共性和差异。汉语是声调语言，英语是非声调语言，但是，英语语调由重读突显和边界调等语调成分组成（Pierrehumbet，1980；Ladd，1996），汉语语调也由重读突显和边界调两个要素组成（林茂

① 林茂灿、李爱军，2017，《语调类型学研究——英汉语调的共性和差异》，第十四届全国人机语音通讯学术会议，中国连云港。

林茂灿、李爱军：《英汉语调的共性和差异》，《今日语言学》2018 年 1 月 2 日；中国社会科学网，2018 年 1 月 11 日。

灿，2012；Li，2015）。本研究的汉语特指普通话，语气指只由音高产生的
疑问和陈述语气。我们看到英汉重读突显的共性和差异，以及边界调的共
性和差异，并指出英汉重读突显的共性和差异共存于其音高（基频）曲线
之中，其边界调的共性和差异也共存于其音高曲线之中。

我们期待同人开展汉语的一些重要的方言与北京话的对比研究，汉语
与有代表性的重音语言（stress language）以及音高重音语言（pitch accent
language）之间的对比研究，用丰富的数据研究语调的共性。

二　英汉语调的共性和差异

英汉语调都由重读突显和边界调两个要素组成（林茂灿，2012；Li，
A.，2015）。我们根据《相似论》（张光鉴，1992）研究英汉语调的相似性
之后，开展了英汉语调共性和差异研究（林茂灿、李爱军，2016，2017）。
下面分别介绍英汉重读突显和边界调的共性和差异。

（一）英汉重读突显的共性和差异共存于其音高曲线中

英语音高重音引起的感觉是音高突显，汉语重音（窄焦点重音，下同）
引起的感觉也是音高突显；英语音高重音和汉语重音统称为重读突显。

（1）英语音高重音的音高曲线特点

英语音高重音包含核心音调和其前面的主要音调（leading tone，引领
音调）及后面的延展音调（trailing，后续音调）三部分，称这三部分为"音
高重音域"（核心音调是不可缺少的）。英语音高重音，无论是 7 个还是 5
个，其音高曲线都像个山峰（高调和含高调的）或者山谷（低调和含低调
的），峰（peak）和谷（valley）都落在核心音节上：峰有高有矮、有宽有
窄，谷有深有浅；核心音调为一个音节的是窄峰，核心音调为两个或三个
音节的是宽峰，叫"帽型"（hat-pattern）（Pierrehumbet，1980；Ladd，1996；
陈虎，2006；陈虎，2008；马秋武，2015）。山峰的两侧为上坡和下坡，山
谷的两侧为下坡和上坡。

音高重音作用在 H 调上形成山峰，如图 1（a）"Marianna"的 L+H*，
图 1（b）中"lovely"的 L+H*和"Bloomingdale"的 L+!H*，图 1（d）中
"only"的 H*。图中在 F_0 音高曲线上用白色直线表示山峰（上坡后下坡），
其上坡是从主要音调的起点音高到核心调的高点音高（山峰的峰顶，下同），
而下坡是从核心调的高点音高到延展音调的终点音高。

音高重音作用在 L 调上形成山谷。如图 1（c）中"that"和"Marianna"
的 L*和图 1（d）中"millionaire"的 L*+H。图中用白色直线表示山谷（下坡
后上坡），其下坡是从主要音调的起点音高到核心调的低点音高（山谷的谷底，
下同），其上坡是从核心调的低点音高（山谷的谷底）到延展音调的高点音高。

Xu（2001）研究和讨论了汉语中的这种"音高峰值延迟（peak delay）"的现象。

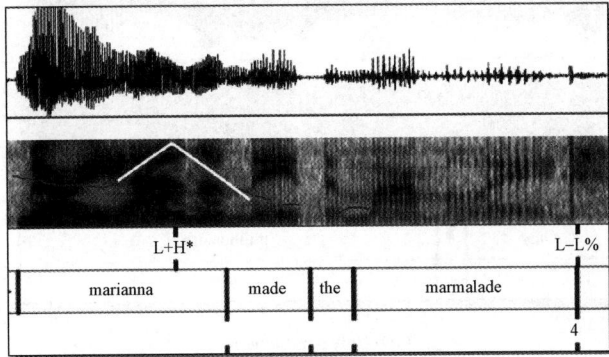

（a）Marianna made the marmalade.
L+H*L-L%

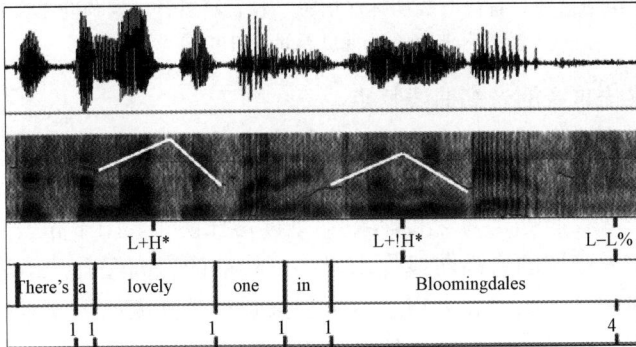

（b）There's a lovely one in Bloomingdale's.
L+H* L+!H* L-L%

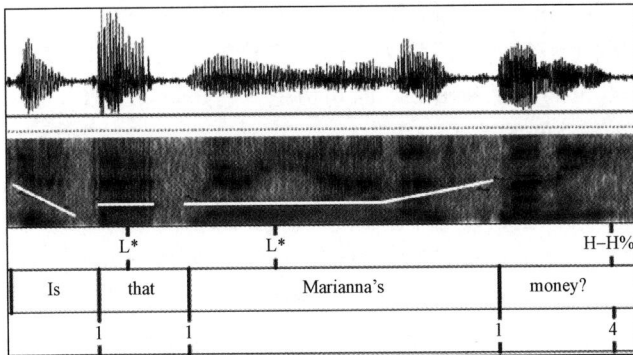

（c）Is that Marianna's money?
L* L* H-H%

图 1　英语音高重音高调的山峰和山谷示意图，图中给出了波形图、
三维语谱图、音高曲线和标注信息，及音高重音、词和韵律边界
（引自 Beckman and Ayers，1997）

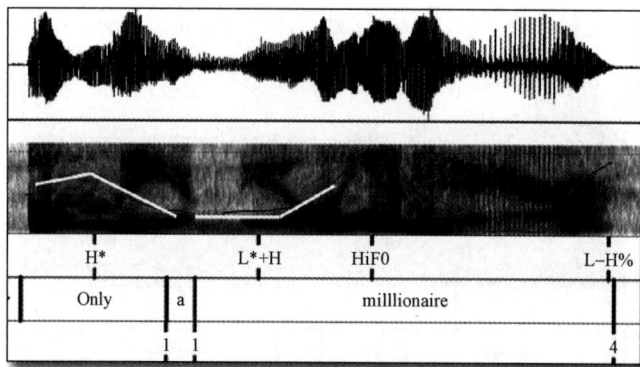

(d) Only a millionaire?
H* L*+H L-H%

图 1　英语音高重音高调的山峰和山谷示意图，图中给出了波形图、
三维语谱图、音高曲线和标注信息，及音高重音、词和韵律边界
（引自 Beckman and Ayers，1997）（续）

（2）汉语重音的音高曲线特点

汉语重音对于语句音高曲线的作用形成了三个不同的作用域：焦点前位置、焦点位置和焦点后位置（Xu，1999；陈玉东、吕士楠、杨玉芳，2009）。这三个作用域我们称之为"重音域"。重读落在阴平、阳平和去声上，其高点抬高，使重音域的音高曲线像山峰，山峰前的音高缓升，山峰后的音高骤降；峰在阴平、阳平和去声上，听起来觉得是高调；重读落在上声上，其低点下压，重音域的音高曲线像山谷；谷在上声上，听起来觉得是低调（林茂灿、颜景助、孙国华，1984；林茂灿，2004；熊子瑜，2006；凌锋，2005；王洪君，2008；贾媛、熊子瑜、李爱军，2008）。

图 2 的四个语句的音段均为浊音，F_0 音高曲线连续，可以更清楚地显示焦点重音产生的山峰和山谷。四句话是"妈妈晕了一晚"（2a）、"妹妹玩了一晚"（2b）、"妹妹美了一夜"（2c）和"那里乱了一夜"（2d）。四句话中，"晕""玩""美"和"乱"四个字下面的圆点，表示它们承载焦点重音，且分别为阴、阳、上、去四个声调。四句话都由两个韵律词构成，图中的方框表示包含负载焦点重音的韵律词。四个重读音节后接的音节均为轻读和轻声，轻读和轻声音节音高曲线由前接重读音节决定，一直过渡到句末低调。可以看到阴平"晕"和去声音节"乱"承载重音时，山峰都在重读音节上实现，而阳平音节"玩ₙ"承载重音时，山峰在后接的轻读音节上出现，上声音节"美"重读形成的山谷出现在重读音节上，但是山谷上坡到达的最高点出现在后接音节上。

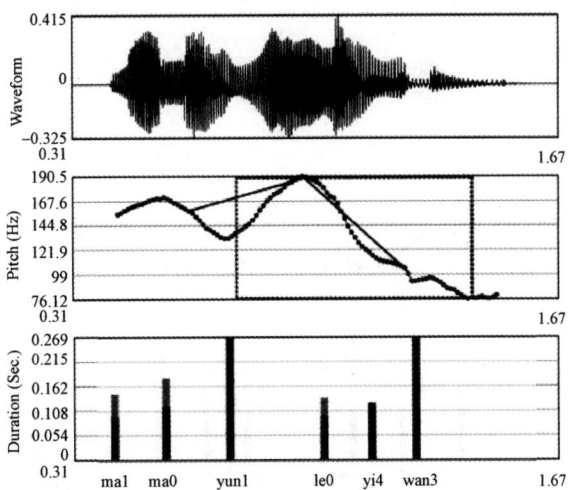

（2a）"妈妈晕了一晚"

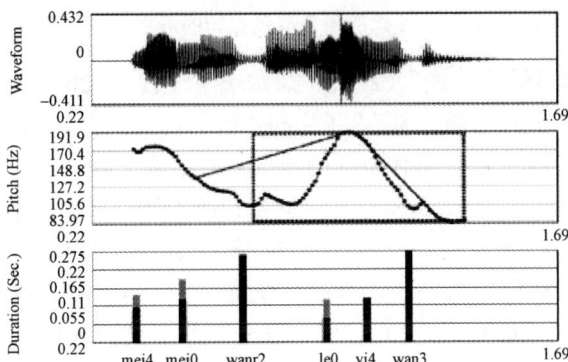

（2b）"妹妹玩了一晚"

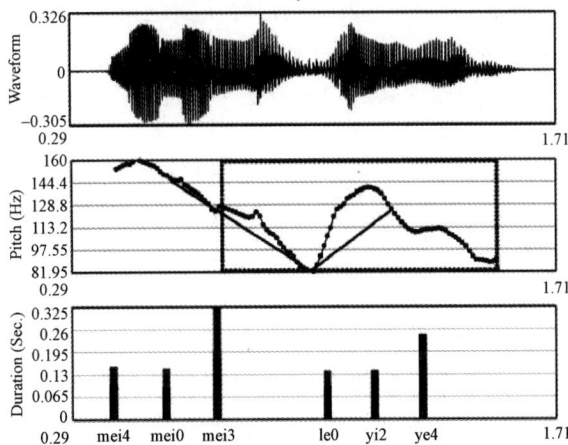

（2c）"妹妹美了一夜"

图 2　普通话发音人 A 念的四个窄焦点句的波形与音高曲线

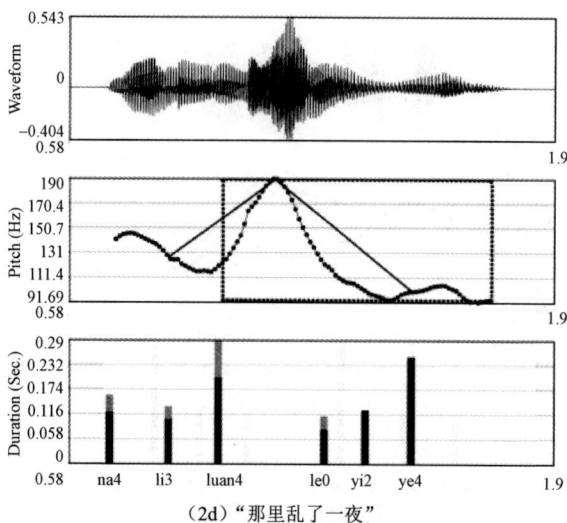

图2　普通话发音人A念的四个窄焦点句的波形与音高曲线（续）

图 2"妈妈晕了一晚"（2a）、"妹妹玩了一晚"（2b）和"那里乱了一夜"（2d）中，山峰的峰"晕""了"和"乱"前面的"妈妈""妹妹玩"和"那里"音高曲线位置，比其山峰的峰低，而山峰的峰"晕""了"和"乱"后面的"了一晚""一晚"和"了一夜"音高曲线，比其山峰的峰低得多；图 2"妹妹美了一夜"（2c）中，山谷的谷"美"前面和后面的"妹妹"和"了一夜"音高曲线位置，比其山谷的谷高。本文用音阶表示山峰的峰和山谷的谷前后一个或两三个一起念音节音高曲线的位置高低，音阶是音高曲线音高的平均值。

图 2 中"妈妈晕了一晚"（2a）的山峰用黑色直线（下同）表示，峰在"晕"处，其上坡是从"妈妈"的音阶到"晕"的高点音高（山峰的峰顶），其下坡是从"晕"的高点音高到"了一晚"的音阶；"妹妹玩了一晚"（2b）的峰在"了"处，其上坡是从"妹妹玩"音阶到"了"的高点音高，下坡是从"了"的音高高点到"一晚"的音阶；"妹妹美了一夜"（2c）的山谷也用黑线表示，谷在"美"处，其下坡是从"妹妹"的音阶到"美"的低点音高（山谷的谷底），上坡是从"美"的低点音高到"了一夜"的音阶；"那里乱了一夜"（2d）的峰在"乱"处，其上坡是从"那里"音阶到"乱"的高点音高，下坡是从"乱"高点音高到"了一夜"音阶。从图（2a）、图（2b）和图（2d）看到，重音落在"晕""了"和"乱"上，其后面音高骤降，焦点重音后的音域变小，其音高有明显的落差。从图（2c）看到，重音落在"美"上，音域扩大，"美"音高曲线像漏斗，听起来"美"带有点儿卡声，"美"后面"了一夜"音域变窄，"了一夜"轻。

从此看到，汉语山峰两侧的上坡是从其起点音阶到高点音高，下坡是从高点音高到其终点音阶，而山谷两侧的下坡是从起点音阶到其低点音高，上坡是从低点音高到其终点音阶。所以，汉语语调山峰的上坡和下坡及山谷的下坡和山坡的起讫点由音阶决定。

（3）英汉重读突显的共性和差异

英汉重读突显的共性和差异存于其音高曲线之中。

英语音高重音和汉语重音的音高曲线都像山峰或者山谷，这是二者的共性。二者的差异表现在两方面。英语音高重音的峰顶音高和谷底音高是重读时直接引起的音高值，而汉语重音的峰顶和谷底音高是重读作用于高调上或者低调上引起的高点抬高和低点下压的音高值，这是英汉重读突显的差异；英汉重读突显的另一个差异是，英语山峰或者山谷的起讫点由音高决定，而汉语山峰或者山谷的起讫点由音阶决定。

（二）英汉边界调的共性和差异

英汉边界调的共性和差异共存于其音高曲线之中。

英语疑问边界调音高曲线是上升的，英语陈述边界调音高曲线是下降的，如图 3（右下）所示。

汉语疑问和陈述边界调音高表现，如图 3（右上）所示。汉语疑问边界调为阴平、阳平和去声音高的上升（细线），是其音高曲线相对于该边界音节声调音高（粗线）的上升（起点抬高，终点抬得更高，上箭头幅度表示音高抬高的不同长度，下同），边界调为上声音高的上升（细线），是其转折点后的音高曲线相对于该上声边界音节相应部分（粗线）的上升（起点和转折点抬高，终点抬得更高），调型都保持不变；陈述边界调为阴平、阳平和去声音高（细线）的下降，是其音高曲线相对于该边界音节声调（粗线）的下降（起点下降，终点降得更低，下箭头幅度表示音高降低的不同长度，下同），陈述边界调为上声音高的下降（细线），是其音高曲线起点与转折点之间音高相对于边界音高相应部分（粗线）的下降（起点和终点下降，转折点降得更低），调型保持不变。

英汉边界调的共性是：英汉疑问边界调音高曲线都是上升的，英汉陈述边界调音高曲线多数是下降的。英汉边界调的差异是：英语疑问和陈述边界调音高曲线的上升和下降是音高的上升和下降，而汉语疑问和陈述边界调音高的上升和下降是相对于该边界音节声调音高曲线相应部分的上升和下降。

（三）英汉语调的共性和差异

英汉语调的共性和差异表现在重读突显和边界调上，如图 3 所示。图 3 左边表示英汉重读突显的山峰和山谷，山峰和山谷两侧的上坡和下坡分别用上箭头和下箭头表示其共性，用实线和虚线表示其差异；图 3 右边表示英汉语疑问和陈述边界调的共性和差异。

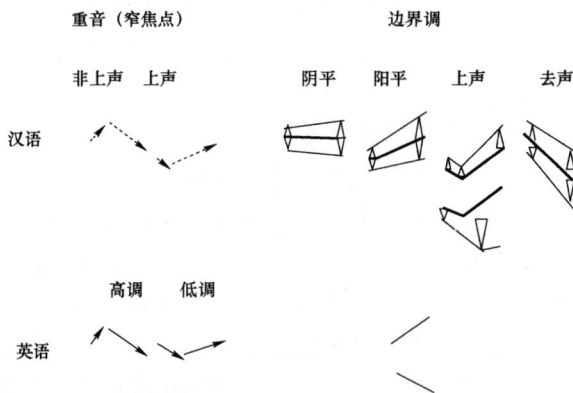

图 3　英汉语调的共性和差异

英汉重读突显的共性是：音高曲线都像山峰或者山谷，其峰顶和谷底都由其本身的音高决定。其差异是：英语山峰和山谷的起讫点是音高，而汉语山峰和山谷的起讫点是音阶。

英汉边界调的共性是：边界调音高都是上升和下降的。其差异是：英语边界调音高的上升和下降是音高本身的上升和下降，而汉语边界调音高的上升和下降是相对于边界音节声调音高相应部分的上升和下降。

三　英汉语调共性和差异的研究与对外汉语教学

英汉语调共性和差异的对比研究，有益于对外汉语教学。母语为英语的汉语学习者，在掌握英汉重读突显共性的同时，还要抓住其差异。学习者在说汉语重读音节时，应该保持其调型不变和扩大音域，扩大音域是让阴平、阳平和去声抬高其高点，而让上声压低其低点，音域扩大（重读）的同时，要让焦点后的音域变窄（轻读）。这样，学习者说出的汉语就有轻有重、轻重合适。

此外，学习者在掌握英汉边界调音高都是上升和下降的同时，还要抓住其差异。在说汉语疑问语气和陈述语气时，要使其边界调音高的上升和下降是相对于边界音节声调音高曲线相应部分的上升和下降，以保持边界音节调型的不变，否则就会产生"洋腔洋调"（李智强、林茂灿，2016；李智强，2017）。

四　总结与讨论

（一）结论

英语语调与汉语语调之间有共性有差异，这种共性和差异分别共存于重读突显和边界调的音高曲线之中。

英语音高重音和汉语重音的音高曲线都像山峰或山谷，而且，其峰顶和谷底的位置都由音高决定，这是二者的共性。英语音高重音的峰顶音高和谷底音高是由重读直接引起的音高高低，而汉语重音的峰顶和谷底音高是重读作用于高调上和低调上分别引起的音高抬高和下压，这是英汉重读突显的差异；英汉重读突显的另一个差异是，英语山峰及山谷的起讫点由音高决定，而汉语山峰及山谷的起讫点是音阶问题。

英汉疑问边界调音高曲线都是上升的，英汉陈述边界调音高曲线是下降的，这是英汉边界调的共性。英语疑问和陈述边界调音高曲线的上升和下降是音高的上升和下降，而汉语疑问和陈述边界调音高的上升和下降是相对于边界音节声调音高曲线相应部分的上升和下降，这是英汉边界调的差异。

（二）关于汉语上声的吱嘎声问题

赵元任（1980：60）指出："第三声到了最低的时候，嗓子就有一点儿比较紧的状态，听得出嗓子有点儿卡那种作用。"

曹文（2010：150）认为："除了其前后音节的高音点落差和时长信息外，T3（上声）本身是否带吱嘎声也是它加重与否的重要因素。"

孔江平（2001：173）谈到"低降升调"时指出："在这个声调的中间部分，最重要的特征是声门周期出现了不规则现象，这是气泡音和挤喉音的特征。"

李胜熏（2010）发现紧喉音（Creaky voice）是普通话上声感知的一个重要辅助发音特征，也可以作为声调习得的一个参考。

曹文、韦丽平（2016）研究了"什么是理想的第三声"？这一问题他们通过合成—听辨实验指出：低凹（降平升）调是上声的理想调型；非常态发声类型（如吱嘎声）对上声的感知影响显著。

图 3"芭蕾舞"的音高曲线显示，在"舞"的声调转折点处，波形周期突然加大、不规则，音高曲线像漏斗，听起来有明显"嗓子有点儿卡"的吱嘎声（嘎裂声、紧喉音）。从图 2（中下）"妹妹美了一夜"看到，"美"声调转折点处，波形周期或大或小，基频受扰动，音高曲线不平滑，听起来有"嗓子有点儿卡"的吱嘎声。

图 4 中"或多或少地会受到影响。"的重音在红色箭头指示的音节"少"上，在低音处出现了吱嘎声；句末上声"响"的低音点也出现了吱嘎声（黄色箭头）。

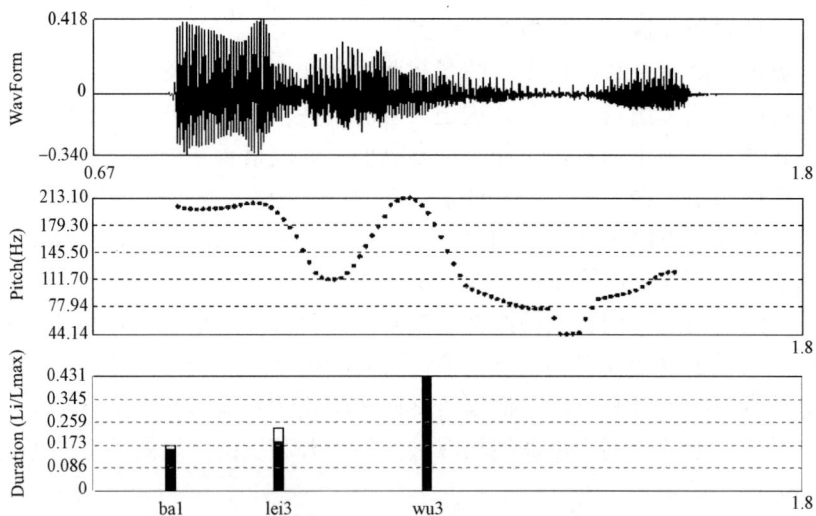

图 4　男发音人念的"芭蕾舞"的波形、音高曲线和时长

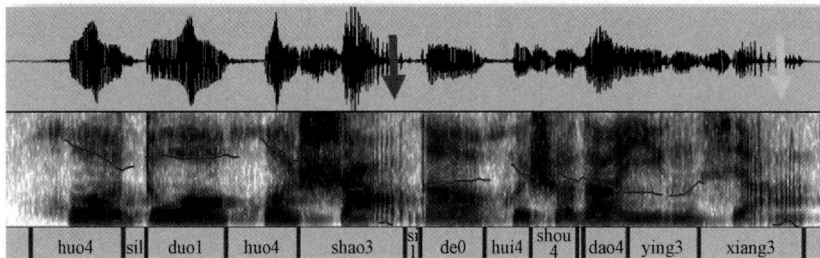

图 5　一位女发音人的"或多或少地会受到影响。"
的波形图、语谱图和音高曲线（蓝色曲线）

发音人产出的单字或音节组，在低频段通常也会出现吱嘎声，是重读的结果。在语篇中吱嘎声还与韵律结构相关（Belotel-GreniéandGrenié，2003）。但吱嘎声也具有个人特点，比如，我们对《普通话水平测试实施纲要》（2005 版），男女发音人念的所有单字和字组分析发现，其上声的低降升音高曲线很平滑，很有规则，是正常、理想的上声（见林茂灿，2012：19-23，47-55）。

在带焦点的短语中，上声出现的"嗓子有点儿卡"的吱嘎声或气泡音，是汉语上声重读的标志之一！

（三）展望

"当我们摸清了事物各自迥异的个性后，就需要开始去寻找它们的内在共性，这才是一个明哲、智慧的做法，也是认识事物的最好途径。"（高士其，1992）

　　语调的共性需要用代表性语言和方言的丰富数据进行探讨和研究，其研究结果除了丰富语言类型学研究外，还对对外汉语教学和言语工程等有应用价值。我们期待同人用丰富的汉语方言和少数民族语言资源，开展跨方言和跨语言的语调类型学研究，揭示不同语言和方言语调在形式和功能等层面的特性及其互动机制。

参考文献

曹文，2010，《汉语焦点重音的韵律实现》，北京语言大学出版社。

曹文、韦丽萍，2016，《什么是理想的上声？纪念林焘先生（1921—2006）》，《华文教学与研究》总第 46 期。

陈虎，2006，《英汉语调音系对比研究》，*English and Chinese Intonational Phonology：A Comparative Study*，河南大学出版社。

陈虎，2008，《语调音系学与 AM 理论综论》，《当代语言学》第 4 期。

陈玉东、吕士楠、杨玉芳，2009，《普通话语段重音对小句重音声学特征的调节》，《声学学报》第 4 期。

高士其，1992，《序言》，载《相似论》（张光鉴，1992）。

贾媛、熊子瑜、李爱军，2008，《普通话焦点重音对语句音高的作用》，《中国语音学报》第一辑，第 118—124 页。

孔江平，2001，《论语言发声》，中央民族大学出版社。

李胜熏，2010，《韩国普通话学习者阳平和上声习得的语音研究》，中国社会科学院硕士研究生论文。

李智强、林茂灿，2016，《对外汉语声调和语调教学之探索》，第二届语言学与汉语教学国际论坛（IFOLICE-2）。

李智强，2017，《英汉语调相似性与汉语声调和语调教学》，北美汉语语音教学会。

凌锋，2005，《普通话上声强重音的声学表现》，《语言学论丛》，商务印书馆。

林茂灿，2004，《汉语语调与声调》，《语言文字应用》第 3 期。

林茂灿，2012，《汉语语调实验研究》，中国社会科学出版社。

林茂灿、李爱军，2016，《英汉语调的相似性与对外汉语语调教学》，《中国语音学报》第七辑，第 1—8 页。

林茂灿、李爱军，2017，《语调类型学研究——英汉语调的共性和差异》，第十四届全国人机语音通讯学术会议。

林茂灿、颜景助、孙国华，1984，《北京话两字组的正常重音的初步实验》，《方言》第 1 期。

刘丹青，2009，《类型学导论：语言的共性和差异》"导读"，世界图书出版公司。

陆丙甫、金立鑫主编，2015，《语言类型学教程》，北京大学出版社。

马秋武，2015，《什么是音系学》，上海外语出版社。

沈家煊，2015，《词类的类型学和汉语的词类》，《当代语言学》第 2 期。

王洪君，2008，《汉语非线性音系学——汉语的音系格局与单字音》（增订版），北京大学出版社。

熊子瑜，2006，《普通话的语句音高特征分析》，《中文信息处理的探索与实践——第三届 HNC 与语言学研究学术研讨会论文集》，北京师范大学出版社。

张光鉴，1992，《相似论》，江苏科学技术出版社。

赵元任，1929，《北平语调的研究》，载《最后 5 分钟》附录，中华书局；又载《赵元任语言学论文集》，商务印书馆，2002。

赵元任，1980，《语言问题》，台湾商务印书馆。

国家语言文字工作委员会普通话培训测试中心，2005，《普通话水平测试实施纲要》，商务印书馆。

Beckman，M. E.，G. Ayers，1997，Guidelines for ToBI Labelling（Version 3，Online MS and accompanying files available at *ttp://www.ling.ohio-state.edu/~tobi/ame_tobi.*

Bolinger，D.，1978，Intonation across languages，In Greenberg ed.，*Universals of Human Languages*（Vol. 2，Phonology），Stanford：Stanford University Press.

Belotel-Grenié A.，M. Grenié，2003，*The Creaky voice phonation as an indicator of the prosodic structure in Standard Chinese TV newscasts*，Report of Phonetic Research，Phonetics Lab，Institute of Linguistics，CASS.

Li，A.，2015，*Encoding and decoding of emotional speech：A cross-cultural and multi-modal study between Chinese and Japanese*，Springer.

Liu，F.，2009，*Intonation Systems of Mandarin and English：a Functional Approach.* PhD dissertation，Department of Linguistics，The University of Chicago.

Ladd，D.，1996，*Intonation phonology*，Cambridge：Cambridge University Press.

Jun，S. A（ed.），2005，*Prosodic typology：the phonology of intonation and phrasing.* Oxford：Oxford University Press.

Pierrehumbert, J., 1980, *The phonology and phonetics of English intonation*, Cambridge: The MIT Press.

Xu, Y., 1999, Effects of tone and focus on the formation and alignment of F_0 contours. *Journal of Phonetics*, 27: 55-105.

Xu, Y., 2001, Fundamental Frequency Peak Delay in Mandarin, *Phonetica*, 58, 26-52.

口语对话中的语音教学与研究初探①

李爱军　李智强

　　长期以来，汉语语音教学主要是以字词层面的语音现象为基础。语音教学的重点包括声调、声韵母系统、音节结构、轻声、连上变调和一些特殊变调规律，而对语句和语篇层面的语音规律鲜有涉及。近年来语言学本体研究在汉语韵律特征方面取得了很多重要进展，加深了我们对汉语声调、语调、重音、焦点、韵律结构等超音段语音单元的认识。在研究方法上，虽然"实验室语料"依然是语音实验研究的重要手段，而基于口语对话语料库的研究对汉语语音教学有特殊的重要性，因为我们在教学中更要关注口语交流中的语音规律。字词层面的语音教学只是语音教学的开始，培养学生流利自然的语音表达能力必然要过渡到语句和语篇层面的语音教学。

　　以声调教学为例，学生学习四声并不困难，因为单字调本身调型比较固定。但进入句子后，受到各种韵律因素的影响，声调实现方式呈现出复杂的变化。不同的重音条件是影响声调在语句层面实现方式的重要因素。声调以轻声形式呈现是声调在非重音位置弱化的极端形式（参见路继伦、王嘉龄对轻声性质的讨论，2005），而在重音位置，尤其是句重音位置，音节时长一般较长，声调的调型得以充分实现，声调的调域空间也会产生相应的变化。如果我们在语音教学中，对不同重音位置的声调不加以区别对待，那么学生说话时只会使用最熟悉的单字调形式。句子没有轻重变化，听起来就会不自然。在具体教学实践中，处于重音位置的声调要准确清楚，在该轻读的地方声调也要轻读。

　　句子的轻重音分布可以影响句子的语义。比如"我考过了"这句话，根据"过"是否轻读，可以有两个意思，一个意思是"我参加过考试了"，这里的"过"是助词，表示动作发生在过去，一般轻读；另一个意思是"我通过了考试"，这里的"过"是结果补语，表示动作的结果，一般重读。

　　在口语对话中，句子的轻重音分布除了受到句法和韵律结构的影响，

---

　　① 原文发表于《国际汉语教学研究》2017 年第 4 期。收入本论文集时略有修改。

还受到上下文信息结构，即语境的影响。也就是说，轻重音分布也是语篇意义的一部分，是语篇意义的一种表达手段。我们在语音教学中不应忽视语篇层面的语音规律。

下面我们通过一个口语对话的研究实例来具体说明句子和语篇层面语音教学的重要性，我们讨论的题目是"口语对话中疑问代词的功能与句重音分布"。疑问代词是学生最早接触的一个词类，也是师生互动交际中最常用的词汇。但是，在口语交流中并不是所有的疑问代词都表示疑问。如"李友想喝点儿什么"这句话，可以用疑问语调表达疑问语气，句中的疑问代词"什么"具有特指功能；也可以用陈述语调表达陈述语气，这时疑问代词"什么"具有虚指功能。两种功能分别对应不同的句重音位置。

我们对疑问代词句中疑问代词的功能分类与句重音分布情况进行研究，从句法、韵律结构和上下文信息结构的角度分析疑问句的轻重音结构，语料来自口语对话语料库。因此，我们的研究对象是语句和语篇层面的语音规律。

一　疑问代词的功能和句重音

疑问代词在语法意义上可以分为两大类：一类表疑问功能，一类表非疑问功能。疑问代词用于疑问句时，所表达的是询问功能；用于陈述句时，所表达的则是叙述功能。我们将这种含有疑问代词的句子统称为疑问代词句。由于汉语缺少形态变化，疑问代词的这两种功能在汉语中没有相应的语法形式来标记，要依靠一定的韵律手段来区别。由于疑问用法是疑问代词的常见用法，历来研究的重点多在非疑问用法上。赵元任（1979）、吕叔湘（1980）和朱德熙（1982）等学者认为疑问代词的非疑问用法主要表现在两个方面：一是表示虚指或不定指，用来指称不知道或说不出来的人或事物，如"我想吃点什么"中的"什么"；二是表示任指，具有周遍性，表示所涉及的范围之内没有例外，如"我什么都不想吃"中的"什么"。

疑问代词句的重音常常跟句子的语义焦点有关。一般的看法是疑问代词就是表疑问的特指疑问句的焦点（林裕文，1985），但是，对于焦点和重音的关系则存在一定的分歧，尤其是当我们把其他语言的特指疑问句也考虑进来以后。胡方（2005）研究了汉语中特指疑问句中的焦点和重音，他的结果显示特指问句中的疑问代词不但是焦点，而且总会获得句重音。Ladd（2008：226-227）指出：疑问代词是否获得重音跟疑问代词是否发生句法移位（wh-movement）有关。如果没有发生句法移位，疑问代词通常获得句重音；否则句重音就会出现在其他位置。按照他的说法，汉语属于前者，英语属于后者。比如"Where are you GOING？"这句话的重音落在"GOING"上。不过，在英语的反诘问句里，如"You went WHERE？"的疑问代词没有发生移位，这时疑问代词就获得了句重音。

　　在非疑问用法的疑问代词句里，疑问代词本身的询问功能减弱，陈述功能增强。疑问代词不再是句子的语义焦点，重读的机会也随之减少。"王朋昨天买了几本书？"和"王朋昨天买了几本书。"这两句话里，前一句的重音落在询问数量的疑问代词"几"上是完全可以接受的，而后一句的重音则绝不会落在"几"上。但是，疑问代词表达非疑问的陈述语气时也并非绝对不能接受重音。"什么"用于表示否定的句式中时，句重音则会落在"什么"上，后面的中心语则相对较轻。如"他算什么专家！连基本常识都没有。"重音则一般要落在"什么"上。赵元任（1979：287-288）指出，表虚指用法的疑问代词一般要读轻声，而表任指用法的疑问代词则不读轻声。例如，"想要吃点什么"里的"什么"表虚指，读轻声，"他什么都没吃"里的"什么"表任指，通常重读。

　　由此可见，特指问句中的疑问代词是句子的语义焦点，但不是所有语言中的疑问代词都会获得重音：非疑用法的疑问代词一般不会成为焦点，通常也不会获得重音，但是在表示否定以及任指的情况下都会重读。

二　口语对话中疑问代词句的功能分类和重音分布情况

（一）口语对话语料库及标注

　　我们考察在口语对话中表达不同功能的疑问代词句的重音分布情况，重点考察疑问代词是否获得句重音。语料来自中国社科院语言所语音室制作的大型多风格情感表达语音库（Wang et al.，2007）。从中抽取一位发音人的面向服务领域的口语对话，共 398 句。这些句子所包含的疑问代词及其出现频率见表 1。

表1　　　　　　　　　　疑问代词在语料中的出现频率

什么	多少	怎么	哪（儿）	几	怎么（样）	谁	哪里
163	62	53	47	44	13	12	4

　　对全部语料进行了功能分类标注（柳雪飞等，2014）和韵律标注（Li，2002），包括对句子轻重音的标注。图 1 给出了语句对应的声波、语图和基频曲线 F_0，还有对应的音节（第 3 层）和声韵母边界标注（第 2 层）、韵律结构标注（第 4 层）和重音标注（第 5 层）。

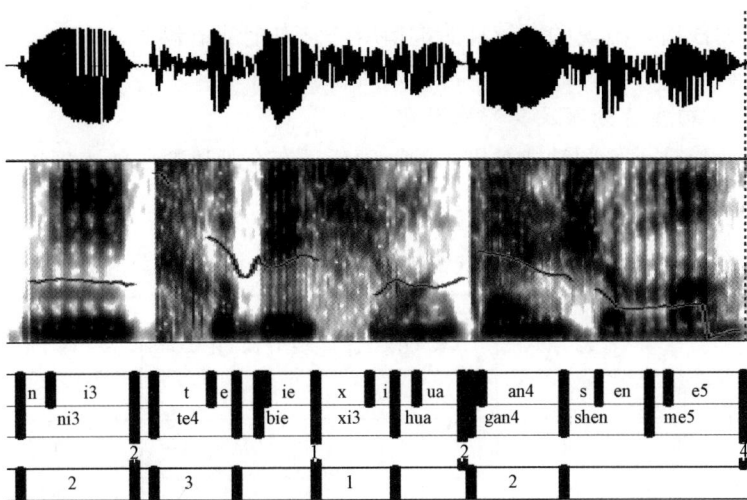

n		i3		t	e		ie	x	i		ua		an4	s	en		e5
ni3			te4			bie		xi3		hua		gan4		shen		me5

图 1 "你特别喜欢干什么？"的波形图、基频曲线、语图与标注，"特别"为句重音

（二）疑问代词的功能分类

我们把疑问代词句按照功能分成 9 类，每一类的例句和在全部语料中所占比例见表 2。

表 2　　　　　　　　　疑问代词的功能分类和比例

功能分类		句子数	比例	例句
疑问 （74.6%）	特指	252	63.3%	咱们<u>怎么</u>走？
	虚指	29	7.3%	还要<u>什么</u>吗？
	反诘	16	4.0%	<u>怎么</u>会出错？
非疑问 （25.4%）	虚指	46	11.6%	我现在还拿不定主意点些<u>什么</u>。
	特指	21	5.3%	这要看您贷<u>多少</u>钱了。
	任指	18	4.5%	你想要<u>什么</u>就选<u>什么</u>。　<u>什么</u>时候都行。
	反诘	8	2.0%	人家<u>哪儿</u>能看得上我呀！
	列举	7	1.8%	也不发给我们一个<u>什么</u>贵宾卡之类的。
	否定	1	0.2%	叫<u>什么</u>，等一下！
	总计	398	100%	

从表 2 可以看出，疑问代词表疑问用法所占的比例约为 74.6%，表非疑问用法所占比例约为 25.4%。疑问用法中出现频率最高的是特指问句，远远超过其他两种疑问用法，也是所有功能分类中出现频率最高的。这说明：疑问句主要还是用来表示询问的。非疑问用法中，多数为虚指，其次

为特指和任指。出现频率最高的虚指用法只占全部语料的 11.6%。否定用
法在语料中只有一例，因此不再列入后面的统计中。

（三）句重音分布及其影响因素

表 3 统计了不同功能类别下的疑问代词在全部语料中的出现次数和获
得句重音的次数以及所占比例。

表 3　　　　　　　　　　　疑问代词获得句重音的比例

功能分类		疑问代词出现次数（A）	获得句重音次数（B）	同一功能内部获得句重音比例（B/A）	获得句重音比例（B/ΣA）
疑问	特指	252	86	**34.1%**	21.1%
	虚指	30	4	13.33%	1.0%
	反诘	15	2	13.3%	0.5%
非疑问	虚指	49	5	10.2%	1.2%
	特指	23	2	8.7%	0.5%
	任指	22	12	**54.6%**	3.0%
	反诘	9	2	22.2%	0.5%
	列举	7	0	0.0%	0.0%
总计		407	113	—	27.8%

可以看出，全部语料中疑问代词获得句重音的比例为 27.8%，其中，
绝大部分出现在表达疑问功能的疑问句中，占 22.6%（三类比例相加）。这
一比例远远高于表达陈述功能的疑问句中疑问代词获得句重音的比例
（5.2%，五类比例相加）。下面我们分别讨论表达同一功能的疑问句中疑问
代词获得句重音的情况。

（1）疑问用法：特指

特指疑问句中的疑问代词获得句重音的比例最高，为 34.1%。这就是
说，65% 以上的疑问代词并未获得句重音。这一结果表明，疑问代词句中
的语义焦点大部分情况下不会获得句重音。图 2 和图 3 是特指疑问句中疑
问代词获得重音和不获重音的例子。

从句法的角度看，疑问代词获得句重音的特指疑问句普遍长度较短，
句式较简单，一般只包含主语、谓语，有时带宾语，如"你是哪里人？"
"咱们怎么走？""在哪儿？"另一部分句子句式也较简单，句重音却落在
了其他成分上。通过考察上下文语境，我们发现，这类句子的重音分布会
受到语境的影响。以下面的对话为例：

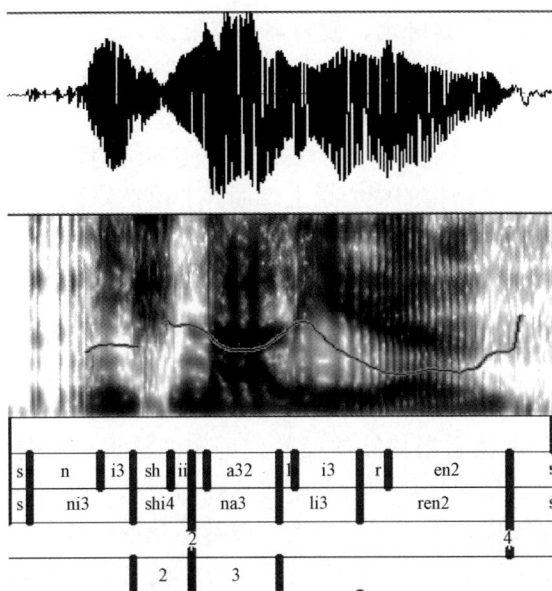

图 2　"你是哪里人？"的波形图、基频曲线、语图与标注，"哪里"为句重音

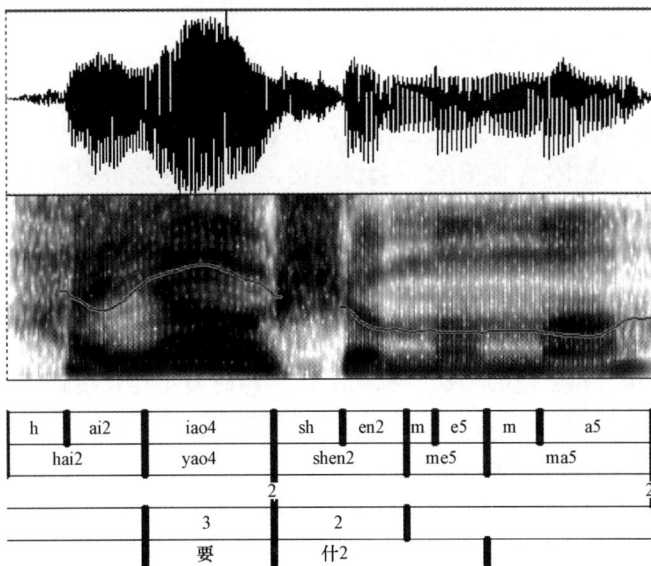

图 3　"还要什么吗？"（"要"为句重音）的波形图、语图与标注

A：您好，请问您要订餐吗？

B：是的，请问你们那儿有什么粥卖吗？

A：啊，有。不知道您想要什么粥？

B：你们有什么粥啊？

A：啊，有白粥、猪肝粥、瘦肉粥、皮蛋粥。

在这一例子中，A 没有直接回答 B 的第一次提问，所以当 B 再次回问 A 到底"有"什么粥，就把重音放在了"有"上。

此外，还有一些句子句式较为复杂，如定中结构做主语或宾语时，句重音倾向于落在定中结构的中心语上，而并非落在修饰成分上。如"您此刻的<u>感受</u>是怎么样呢？""你说，什么地方的<u>白食</u>最好蹭？"这些成分都是新信息位置，所以承载句重音。但是，句子中若有状语的话，句重音则倾向于落在修饰性的成分上，即状语成分上，如"你们<u>先</u>要点儿什么？""你<u>特别</u>喜欢干什么？"

（2）疑问用法：虚指

疑问用法中表达虚指功能的疑问代词句的结果与之前的研究结果一致，是非问句中的疑问代词本身并不传达疑问信息，疑问代词所指称的对象不明确，意义较虚，因而在语音上一般都不获得重音。句子重音一般落在宾语和谓语上。如果宾语有修饰性的成分，重音则落在修饰成分的中心语上；带状语的句子重音多落在状语上。疑问代词如果获得重音，重音也多是在特定的上下文语境中的强调重音。

A：对不起，您能说英语吗？

B：会一点儿。有<u>什么</u>事儿需要帮忙吗？

A：啊，您能告诉我最近的地铁站在哪儿吗？

上面的对话中，A 问 B 会不会说英语，言外之意是希望得到 B 的帮助。因此，B 回答之后问 A 需要帮什么忙，"什么"就成了信息的焦点而获得句重音。

（3）非疑问用法：任指

任指疑问句中的疑问代词一半以上获得句重音（54.6%）。在图 4 的例句中，"哪儿"和后边的"买"都是上声，这时发生连读变调，"哪儿"变成阳平。"哪儿"为句重音位置，不但音节时长较长，而且声调实现得充分。

疑问代词的任指用法又可分为两种，一种是周遍性的任指用法，即所说内容无一例外，如"您要哪儿的房子都没关系。"句重音多落在疑问代词上；另一种是倚变性的泛指用法，即前后两个疑问代词相互照应，如"你想要什么就选什么。"重音落在第一个疑问代词上。疑问代词没有承载句重音情况主要是受到了上下文语境的影响。

A：现在生活得惯吗？

B：没问题。这儿什么<u>都</u>有，<u>都</u>很方便，要用的东西都买得到。

B 为了说明自己已经适应了现在的生活，特意强调自己居住的地方生活设施特别齐全，因此，把重音放在了"都"上。

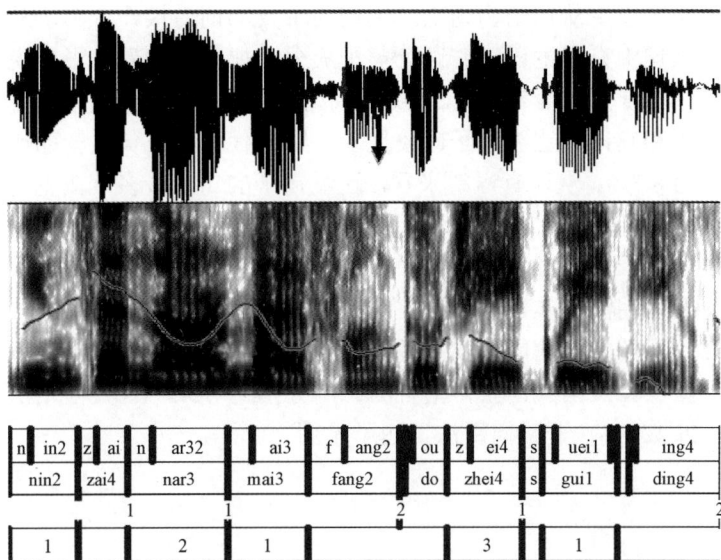

图4　"您在哪儿买房都这规定。"的波形图、基频曲线、
语图与标注，"哪儿"为句重音

（4）非疑问用法：特指

表达特指功能的疑问代词常常充当宾语从句中的某一成分，因此一般也不会获得句重音。在23例中，只有两例获得句重音的情况。图5中的"多少"没有获得句重音。

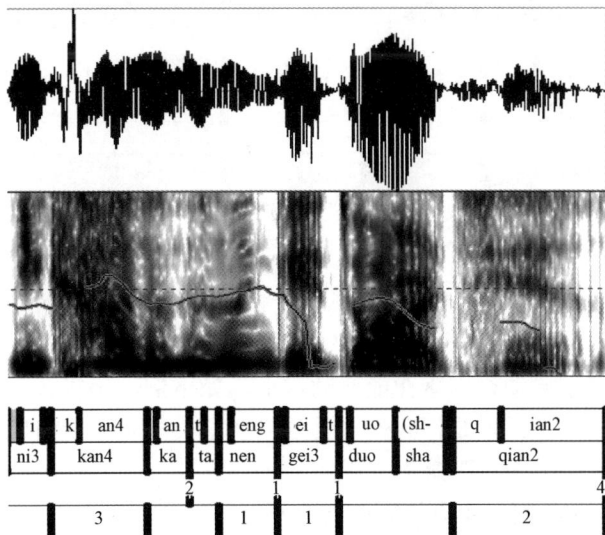

图5　"你看看他能给多少钱。"的波形图、基频曲线、
语图与标注，"看看"为句重音

这类句子以主从句结构为主，主句的主要动词后接一个宾语从句，疑问代词在从句中充当主语、宾语等句子成分。如"依我看，很难说哪种最好吃。""你看看他能给多少钱。"疑问代词"哪"和"多少"分别作为宾语从句的主语和宾语。这类句子比较复杂，疑问代词承载句重音的比例也比较低，仅为8.7%。从现有语料来看，这类句子的句重音多落在主句的动词性成分上。即使不落在主句的动词性成分上，主句中动词性成分的重音等级大多也仅次于句重音。

（5）疑问用法和非疑问用法：反诘

疑问代词的反诘功能可以出现在疑问和非疑问两种用法中，都是表示否定和反诘义。疑问代词获得重音的比例分别为 13.3%（疑问用法，例子见图6）和22.2%（非疑问用法，例子见图7）。

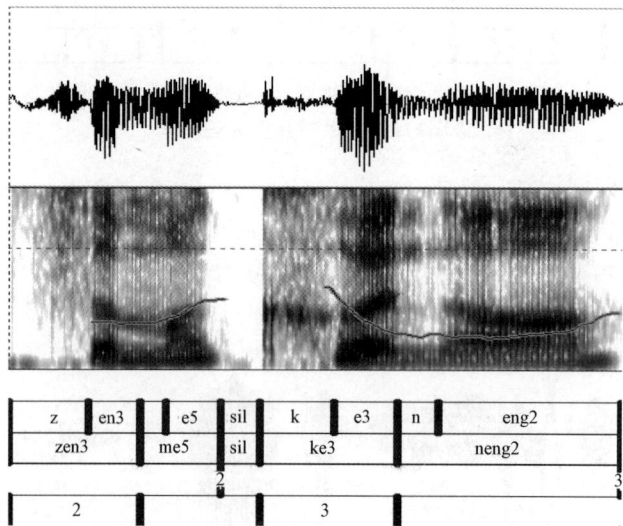

图6　"怎么可能？"的波形图、基频曲线、
语图与标注，"可能"为句重音

从句法的角度来看，这类句子句式也较简单，一般的形式为"怎么/哪儿（+能愿动词）+主要动词"，句重音多落在疑问代词后面的主要动词上。如果没有主要动词则落在能愿动词上，如下例，句重音分别落在"可能"和"出错"上。但是，我们也看到，在这类句子中疑问代词的重音等级仅次于句重音，所以听感上并不弱。

A：啊，对不起，今天没有这两个菜。

B：没有？怎么<u>可能</u>，我是看着你们的餐单儿来点的，今天星期三嘛，怎么会<u>出错</u>？

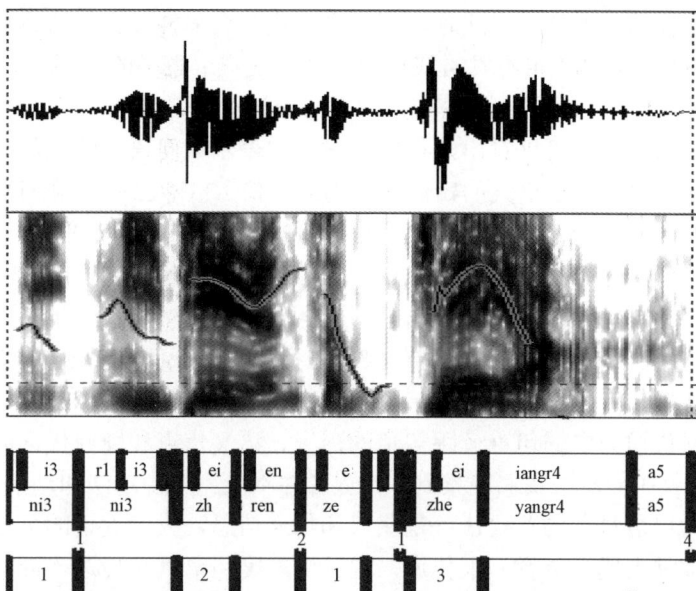

图 7 "你这人怎么这样儿啊。"的波形图、基频曲线、
语图与标注，"这样儿"为句重音

（6）非疑问用法：列举、虚指

在非疑问用法中，疑问代词还可以表达列举和虚指功能。由于意义比较虚化，一般也不会获得重音。在图 8 中"什么"后面的列举成分"贵宾卡"带句重音。

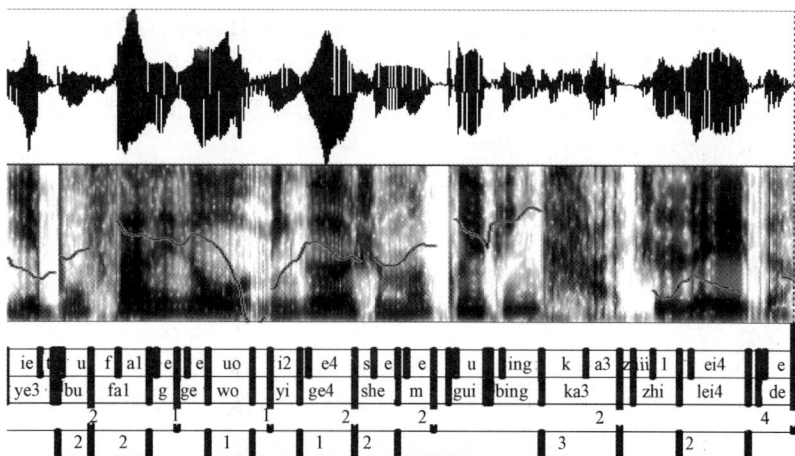

图 8 "也不发给我们一个什么贵宾卡之类的。"的波形图、
基频曲线、语图与标注，"贵宾卡"为句重音

疑问代词用于列举用法时，"什么"出现在名词性成分前边或后边时都不会获得重音，如"也不发给我们一个什么<u>贵宾卡</u>之类的。"和"就是说那个<u>环境</u>什么的。"句子重音多落在名词性成分上，即"贵宾卡"和"环境"。

从上面的讨论可以看出，在口语对话中表示疑问语气的疑问代词句的出现频率是表示陈述语气的疑问代词句的 3 倍（75%:25%）。疑问代词在不同功能条件下是否获得句重音并不是简单的"是"或者"不是"，而是呈现出一定的概率分布规律。总体来说，疑问代词获得句重音可能性不到三分之一（27.8%），其中疑问用法中的疑问代词获得句重音的比例最高占22.6%。非疑问用法中疑问代词获得句重音的比例极低（5.2%），但是，其中表达任指功能的疑问代词有一半以上获得句重音（54.6%）。

疑问代词句中的句重音跟句子的语气、语义焦点和疑问代词的功能有关，但是，在分析中我们观察到，句重音并不能完全由句法和功能来预测。这是因为口语对话的首要任务是获取和传递信息，人们说话的关键信息由焦点（常常表现为重音）来传递，说话的态度用语气来传达，而信息的传递是在语篇中进行的。所以，重音和语气的变化都由交际双方想表达的意图来决定，也就是受到上下文语境和信息结构的制约。因此，我们分析时除了考虑局部的句法和疑问代词的功能以外，还必须考察上下文语境和信息结构等因素，才能揭示在语篇中句重音实现的规律。

三　结语

我们对疑问句中疑问代词的功能分类与句重音分布情况的研究是基于口语对话语料库的语料，研究的基本对象是语句和语篇层面的语音规律。口语中包含丰富的语音变化，这些变化受到句法、语义焦点、韵律结构和上下文语境或者信息结构的影响，同时也对语篇意义有所贡献，是理解语篇意义不可或缺的重要语言信息。

语音教学从字词层面开始，以声调为本，但要培养学生流利自然的语音表达能力必然要过渡到句子和语篇层面的语音教学，这也是学生理解语篇意义不可忽视的环节。

参考文献

胡方，2005，《普通话疑问词韵律的语音学分析》，《中国语文》第 3 期。

林裕文，1985，《谈疑问句》，《中国语文》第 2 期。

柳雪飞、李爱军、贾媛，2014，《疑问代词的功能分布研究》，*The 22nd Conference of the International Association of Chinese Linguistics* (IACL)。

吕叔湘，1980，《现代汉语八百词》，商务印书馆。

路继伦，王嘉龄，2005，《关于轻声的界定》，《当代语言学》第 2 期。

赵元任，1979，《汉语口语语法》，吕叔湘译，商务印书馆。

朱德熙，1982，《语法讲义》，商务印书馆。

Ladd，R. 2008. *Intonational Phonology* (2nd edition). Cambridge: Cambridge University Press.

Li，A. 2002. Chinese prosody and prosodic labeling of spontaneous speech. *Speech Prosody*，39-46.

Wang，X.，Li，A.，Tao，J. 2007. An expressive speech corpus of Standard Chinese. *Proceedings of O-COCOSDA*.

对外汉语声调和语调教学中的语音学问题①

李智强　林茂灿

一　引言

在世界语言中，汉语（普通话）是一种典型的声调语言。声调是对外汉语教学中最重要的语音单元，声调习得在一年级课程中是语音教学的重中之重。声调的准确性是提高对外汉语学习者语音"可懂度"的主要因素之一，其他因素包括声母和韵母的发音。进入语句层面以后，自然的发音要靠韵律来实现，语音轻重分明、高低错落有致，听起来才像汉语。所谓"洋腔洋调"是说话的"腔调"问题，在语音学上其实是韵律的问题，而语调是韵律的重要成分。随着对语调、重音等韵律现象研究的深入，其成果为对外汉语教学把语调作为语音教学的一项内容奠定了基础（如林茂灿，2012c）。讲汉语语调必然离不开声调，而且要从声调入手（Li 和 Lin，2016）。本文探讨汉语语调和声调的叠加关系、英汉语调相似性、声调产生的生理机制和音系特征，并以母语为英语的汉语学习者为例，讨论语调模型在语音教学实践中的应用。

本文中汉语指普通话，不包括汉语方言。语调的讨论以陈述语调和不带疑问语气词标记的疑问语调为重点，两种语调都是靠音高变化产生不同的语气。本文指出，汉语语调与声调之间存在叠加关系，声学表现形式都是音高变化。重音和边界调的实现是叠加在声调上面的，在不改变声调类别的前提下，通过对声调音高曲线的调节作用实现不同的语气。因此，重读音节和边界调的调型都保持原有声调的调型。由于存在这种紧密的关系，母语为声调语言和非声调语言的汉语学习者要学好语调必须先掌握汉语声调。同时，也只有学好了语调，声调的学习效果才可得到巩固。

---

① 本文部分内容曾于 2016 年 7 月在北京语言文化大学举办的第二届语言学与汉语教学国际论坛上报告过，感谢听众的批评和指正，文中一切不当之处概由作者本人负责。原文发表于《国际汉语教学研究》2018 年第 3 期。收入本论文集时作者对个别文字略加修改。

在《英汉语调的异同和对外汉语语调教学——避免"洋腔洋调"之我见》（林茂灿，2015）的基础上，林茂灿、李爱军（2016）看到了英汉语调的相似性，提出学习者在学习汉语语调中要恰当运用英汉语调之间"同"和"异"。因此，对于母语是非声调语言的学习者来说，建立母语和目标语两种语调系统之间的对应关系是习得汉语声调和语调的重要步骤。只有这样，学习者才可以运用已有的语调知识于汉语声调和语调学习上（李智强，2011）。由于这种相似性的存在，以英语为母语的学习者受英语语调的影响，习惯于关注重音位置和韵律边界位置的音高变化。在声调和语调教学中，汉语教师也同样要关注这两个位置的音高变化，这既是相似性存在的现实所要求的，也是汉语语句韵律的要求。以纠声调为例，处于重音位置尤其是句重音位置的声调必须准确。这个韵律位置的声调调型饱满，接近单字调，是学生最熟悉的。非重音位置的声调可以有一定的容忍度，因为过度纠正以后学生反而把不该重读的声调都念成重读的了。

本文根据汉语两音节词的基频（F_0）与声带紧张度（VCT）之间有极强的相关性，在讨论声调音系特征的基础上，提出采用发音和听辨相结合的办法进行声调和语调教学。

在对外汉语教学中，充分利用汉语语调与声调之间存在的叠加关系和英汉语调之间存在的相似性进行声调和语调教学，同时按照声调特征让学生掌握四声的正确发音方式，从语音研究的角度看，是克服"洋腔洋调"的一种有益的探索和尝试。

图1是英汉语调语音表现示意图。图中显示了汉语（上）和英语（下）的重读突显[①]和边界调的语音实现模式。从图1（上）可以看到，汉语语调与声调之间存在依存关系；图1（下）是英语音高重音和边界调的示意图，把图1（上）与（下）作比较，可以看出英汉语调的相似性，英汉语调既有"同"，又有"异"。

二　汉语语调与声调的关系

（一）边界调

汉语语调由重音和边界调两个要素组成（林茂灿，2004，2006a，2006b，2012a，2012b，2012c；Li和Lin，2016）。图1（右上）汉语边界调的示意图中的上箭头和下箭头表示疑问和陈述边界调音高（粗线上面的细线为疑问边界调，粗线下面的细线为陈述边界调），是相对于该边界音节声调（粗

[①] 英语音高重音引起的感觉是（音高）突显，汉语窄焦点重音引起的感觉也是（音高）突显；英语音高重音和汉语窄焦点重音统称为重读突显。

线）起点、转折点和终点的抬高和压低，不同长度的箭头表示音高抬高和
压低的幅度。

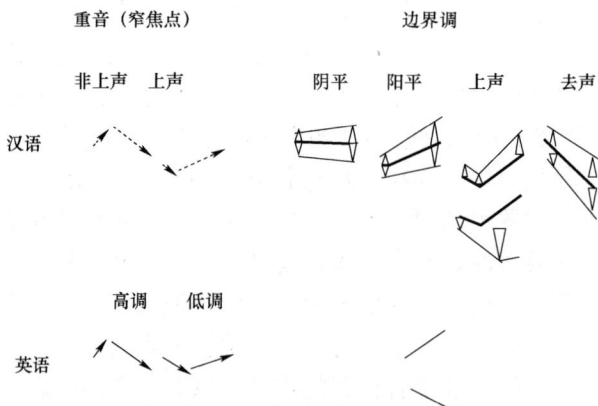

图 1　英汉语调语音表现示意

　　从图 1（右上）中可以清楚地看出汉语边界调与声调之间的叠加关系。
疑问边界调为阴平、阳平和去声音高的上升，是其音高曲线相对于该边界
音节声调音高的上升（起点抬高，终点抬得更高）。边界调为上声音高的上
升，是其转折点后的音高曲线相对于该上声边界音节相应部分的上升（起
点和转折点抬高，终点抬得更高），调型保持不变。陈述边界调为阴平、阳
平和去声音高的下降，是其音高曲线相对于该边界音节声调的下降（起点
下降，终点降得更低）。陈述边界调为上声音高的下降，是其音高曲线起点
与转折点之间音高相对于边界音高相应部分的下降（起点下降，转折点降
得更低，终点下降比转折点少），调型保持不变。简单地说，疑问和陈述边
界调音高的上升和下降，是相对于边界音节声调音高曲线相应部分的上升
和下降。①

　　学习者学习汉语声调和语调，必须注意到汉语重音和边界调与声调之
间的密切关系。汉语疑问边界调，不管边界音节是阴平、阳平、上声还是
去声，其音高曲线的起点是相对于该边界音节声调的起点先抬高，然后明
显地上升；陈述边界调的起点是相对于该边界音节声调的起点先下压，然
后多数音高曲线又有一些下降。

　　（二）重音

　　赵元任提出，"汉语重音首先是扩大音域和持续时间"，并指出，在弱
重音（轻声）中，"声调幅度差不多压缩到零，其持续时间也相对地缩短"

---

　　① 王韫佳、王理嘉在 2013 年增订版的《语音学教程》中也提到："陈述语调跟疑问语调的最大差别
在于……句末音节的音高曲线斜率的不同，陈述语调中句末音节的音高曲线斜率要更大些。"（第 184 页）

（Chao，1968；赵元任，1979：23，26）。这说明汉语轻重音跟音域有关。

重音有宽窄焦点引起的分别。汉语句重音可以大致分为窄焦点重音和宽焦点重音。句中任何成分都可以形成窄焦点；宽焦点是句子的自然焦点，句子没有特别的语义强调和语音突显。汉语（窄）焦点重音通过对于语句音高曲线的作用形成了三个不同的作用域：焦点前位置、焦点位置和焦点后位置（Xu，1999；陈玉东等，2009）。焦点的作用域可以称为"重音域"。重读落在阴平、阳平和去声上，重音域的音高曲线像山峰；峰在阴平、阳平和去声音节上（落在单音节词上是窄峰，落在两音节词或三音节词等上的为宽峰），听起来觉得是高调。重读落在上声上，重音域的音高曲线像山谷；谷在上声音节上，听起来觉得是低调。图 1（左上）给出了窄焦点重音域山峰型和山谷型两种音高曲线的示意图（林茂灿等，1984；凌锋，2005；熊子瑜，2006；贾媛等，2008；林茂灿，2004、2006a、2006b、2012c；Li 和 Lin，2016）。在宽焦点重音情况下，韵律词的音阶逐步下降，末音节的音高接近单字声调模式（林茂灿，2012a；Lin 和 Li，2011）。

图 2 是汉语四声音域示意图，我们用上箭头和下箭头的高度表示声调音域。汉语重音落在高调（阴平、阳平和去声）上，使高调音节的高点音高抬高；落在低调（上声）上，使低调音节的低点音高下压一些。这样，重读音节的音域相对于单字声调的是扩大了。图 1（左上）给出韵律短语重音位置山峰型和山谷型调型，其中音域大的声音重，音域小的声音轻。

图 2　汉语四声音域示意图

可见，汉语窄焦点重音使声调为高调的音高高点抬高，使声调为低调的音高低点降低（下压）；在宽焦点重音情况下，韵律词音阶逐步下降，末音节音高曲线像单字声调那样完整。疑问语气使边界音节为阴平、阳平、去声音高曲拱的起点音高抬高一些，终点抬得更高；而陈述语气则使边界音节音高曲拱的起点音高降低一点，终点降得更低。从图 1（右上）不难看出，汉语重音和边界调是叠加在声调上的，使其调型都保持不变，汉语语调与声调之间存在着这样紧密的依存关系。

三　英语音高重音和边界调

英语音高重音包含核心音调和其前后的主要音调（leading tone，引领音调）和延展音调（trailing tone，后续音调）三部分，我们称这三部分为音高重音域（核心音调是不可缺少的）。英语音高重音，不论是 7 个还是 5

个，其音高曲线像山峰（高调和含高调的）和山谷（低调和含低调的），峰（peak）和谷（valley）都落在核心音节上；峰有高有低、有宽有窄，谷有深有浅；核心音调为一个音节的是窄峰，核心音调为两个或三个音节等的是宽峰，叫"帽型"（Pierrehumbert，1980；Ladd，1996；陈虎，2006，2008；马秋武，2015）。英语疑问边界调音高为上升，陈述边界调为下降，如图1（左下和右下）所示。

四　英汉语调的相似性

英语和汉语在语调的实现方式上有不可忽略的相似之处。首先，虽然汉语是声调语言，英语是非声调语言，但是英语的音高重音和边界调跟汉语的声调均表现为因声带振动频率不同而产生的高、低、升、降等音高变化，音系表达式类似。其次，我们看到英汉语调都由重读突显和边界调两个要素组成。英语音高重音和汉语窄焦点重音的音高曲线都像山峰和山谷，其峰顶和谷底位置都由音高决定，这是二者的"同"。英语山峰两侧的上坡和下坡及山谷两侧的下坡和山坡的起讫点由音高决定，而汉语山峰两侧的上坡和下坡及山谷两侧的下坡和山坡的起讫点由音阶决定，这是二者的"异"。英汉语调的山峰型和山谷型存在着这种"同"和"异"，因而，英汉重读突显的语音表现是相似的，其语音特征也是相似的。

就边界调而言，英汉疑问边界调音高曲线都是上升的，英汉陈述边界调音高曲线多数是下降的，这是二者的"同"；英语疑问和陈述边界调音高曲线的上升和下降是音高的上升和下降，而汉语边界调音高的上升和下降是相对于该边界音节声调音高曲线相应部分的上升和下降，这是二者的"异"。英汉边界调音高曲线存在这种"同"和"异"。因而，英汉边界调在语音表现上是相似的，其语音特征也是相似的。

基于以上分析，本文提出，语音学习模型（Speech Learning Model，参见 Flege，1995，2005）中关于第二语言学习者建立新的语音范畴的"对等分类原则"（equivalence classification）同样适用于音段层面以外的语音单位，如声调和语调。具体来说，英语的音高重音对应于汉语处于句重音位置成分的声调（组合），英语的边界调对应于汉语处于边界位置成分的声调（组合）。声调和语调教学主要针对这两个位置的声调（组合）才能帮助学习者尽快建立声调感知目标。非声调语言学习者要学好汉语语调，必须了解英汉语调有相似性，英汉语调既有"同"又有"异"；学习者不能只看到英语音高重音与汉语重音之间有"同"，而忽略二者的"异"，也不能只看到英语边界调与汉语边界调之间的"同"，而忽略二者之间的"异"。学习者学习时，只有恰当地运用英汉语调的"同"和"异"，才能最大限度地避免出现"洋腔洋调",学好汉语声调和语调。

五 声调特征和声带紧张度

掌握声调发音机制和音系特征是学好声调,进而学好语调的前提。汉语两音节词语音的基频(F_0)与声带紧张度(vocal cord tension,VCT)之间有极强的相关性。因而,通过调节声带紧张度,可以得到语音基频的变化规律。 我们也把声带紧张度分为五级,以与声调的音高五度值相对应。

(一)语音基频与声带紧张度

从声学上来看,声调和语调都是由声带产生的语音基频变化的结果。声带在声门下压力(subglottal pressure,Ps)的作用下会产生周期性的振动,振动频率(又称基频,fundamental frequency)的快慢变化在听觉上会造成不同的音高感觉。振动频率快,基频就高,音高也高;振动频率慢,基频就低,音高也低。女性的嗓音基频通常比男性的高,儿童的嗓音基频比成年人的高。

一般认为,基频的产生是由声带紧张度和声门下压力共同决定的。声带振动的双质量模型就主张声带的振动频率既受声带自身的弹性控制,也跟声门下压力有关。[1]声带开合频率等于语音信号的F_0。

林茂灿等(1988)用一套测量 Ps、口腔压力和气流量的设备,得到男女各一位发音人各念 16 个普通话正常重音两音节词和 16 个含轻声两音节词的 Ps 等数据,从窄带语图得到语音信号的F_0;用 Ps 和F_0代入声带振动的双质量模型(R. B. Monsen 于 1978 年提出的)得到 VCT,研究 VCT 和 Ps 在普通话两音节词的语音F_0中的作用[2]。所用两音节词是:东西—东·西,跟前—跟·前,拉手—拉·手,兄弟—兄·弟;罗锅—罗·锅,别人—别·人,莲子—帘·子,服气—福·气;火烧—火·烧,口头—口·头,老子—老·子,摆设—摆·设;将官—将·官,过年—过·年,下水—下·水,大意—大·意(圆点"·"后的字念轻声)。

这里用这个实验的正常重音两音节词的成果说明汉语声调F_0的产生问题。表 1 数据取自林茂灿等(1988)一文,包括了原文表 1、表 2 和表 4 的数据。从表 1 可以看出,男女发音人的F_0与 VCT 之间的相关系数是 0.97 和 0.94,几乎接近 1,F_0与 VCT 的相关性非常强,这说明在正常重音两音节词中,前后音节的F_0变化规律跟 VCT 的几乎完全相同;男女的F_0与 Ps

---

① 见鲍怀翘、林茂灿,2014,第三章 3.2.2 "声带振动学说",第 41—43 页。

② 1983 年 4 月,美国洛杉矶大学语音学家 P. Ladefoged 教授来中国社会科学院语言研究所访问,带来了这套设备。这个实验是在他指导下完成的。

的相关系数仅在后字去声的情况下较高。

表 1　　男女发音人念两音节词的 F_0 对 VCT 和 F_0 对 Ps 的相关系数

		上声（低降和低降升）							后字阳平				后字去声				平均
男	VCT	0.98	0.97	0.97	0.97	0.93	0.87	0.96	0.98	0.96	0.97	0.99	0.99	0.99	0.99	0.99	0.97
	Ps	0.47	0.4	0.02	−0.1	−0.2	−0.92	−0.5	0.03	−0.11	0.29	0.33	0.86	0.9	0.52	0.98	—
女	VCT	—	0.92	0.92	0.93	0.92	0.96	0.94	0.91	0.85	0.99	0.96	0.96	0.99	—	0.99	0.94
	Ps	−0.32	−0.2	−0.3	−0.46	0.37	−0.48	−0.8	−0.13	0.31	0.41	0.01	0.99	0.99	0.92	0.92	—

　　图 3 给出男发音人以正常重音念"莲子""帘·子""服气"和"福·气"的 F_0 曲线、VCT 曲线和 Ps 曲线。从图 3 看到，两字组前后音节 F_0 曲线与 VCT 曲线几乎一模一样，后字为重读音节和轻声音节时都是如此，而 F_0 曲线跟 Ps 曲线的相似程度就差了。根据表 1 的相关性数据和对图 3 的 F_0 曲线、VCT 曲线、Ps 曲线的分析，我们可以认为声调基频主要是由声带紧张度引起的。

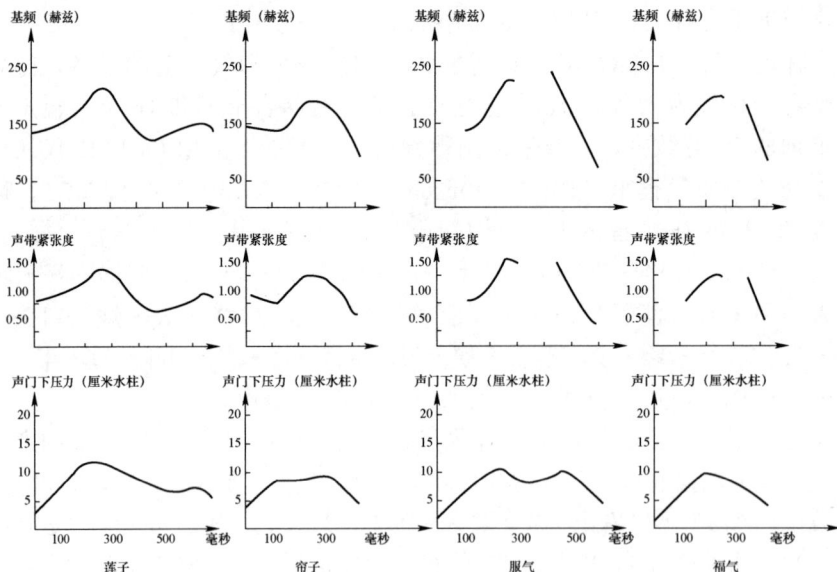

图 3　"莲子""帘·子""服气"和"福·气"的 F_0 曲线，
VCT 曲线和 Ps 曲线（来自林茂灿等，1988）

　　汉语两音节词的语音 F_0 与 VCT 之间有极强的相关性，因而，通过调节声带紧张度，可以得到语音基频的变化规律。

（二）声调特征和声调紧张度的划分

辅音有较明确发音部位和发音方法，从发音部位和发音方法入手，容易学好辅音。在八个标准元音的舌位图中，给出前后八个元音舌位高度为"高""半高""半低"和"低"；发音人在发音时既能通过口腔开口度的变化感知到自己舌头的高度，也能从镜子里看到，让舌头位置放在"高"，或"半高"，或"半低"，或"低"上，通过听辨所发元音调整其舌位高度，较容易确定要学的元音舌位。声调基频主要由声带紧张度引起，在进行声调及语调教学中，可以把声带紧张度划分为 5 级；发音人无法用肉眼看到声带的松紧程度，但用手指贴在声带处的喉头，可以感觉到声带的振动；通过调整所需的声带紧张程度，结合听辨判断音高，从而得到所需要的基频。

Stevens（1998）提出"紧声带"（stiff vocal folds）和"松声带"（slack vocal folds）两个可以有正负取值的区别特征，用来描写声带振动引起的声调基频变化。例如，[+紧声带] 代表声带拉紧，从而引起较高的声带基频。这两个特征从生理上对应于两个相关但不同的发音动作：一是通过拉紧或放松舌骨上肌（suprahyoid muscles）造成喉部上移或下移，这会导致声带和其他喉部以上的软组织表面在一定程度上的松紧变化，"松声带"特征对应这个发音动作；二是通过环甲肌（cricrothyroid muscle）的拉紧或放松直接造成声带松紧变化，"紧声带"特征对应这个发音动作。Stevens 提出的声调特征在音系学理论中并不是学者们经常使用的，但是它们却准确地反映了声带紧张度和声调基频的密切关系。

我们建议把声带紧张度分为五级，对应声调的音高五度值："松"相当于"1 度"，"半松"相当于"2 度"，"不紧不松"为"3 度"，"半紧"为"4 度"，"紧"为"5 度"，如图 4 所示。另外，上箭头表示疑问边界调的声带相对于声调"紧"（5 度）的拉紧。窄焦点重音落在高调音节上时，其作用是声带相对于这些声调"紧"（5 度）的拉紧。下箭头表示陈述边界调的声带相对于声调"松"（1 度）的下压。窄焦点重音落在低调音节上时，其作用是声带相对于声调"松"（1 度）的压低。

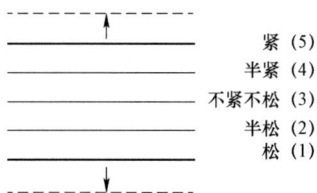

图 4　声调声带的不同松紧和语调声带的拉紧和下压

六　声调教学和语调教学

我们认为，让学习者运用英汉语调的相似性于汉语重音和边界调学习上，和运用非声调语言学习者已有的语调知识于声调及语调学些上，并采用发音与听辨相结合的办法，可能是对外汉语声调和语调教学的一条有效途径。

（一）声调教学

首先，由于英汉语调相似性的存在，运用非声调语言学习者已有的语调知识于声调学习上，帮助学习者在学习声调之初尽快建立声调的感知目标，是进行四声教学的重要步骤。汉语声调具有区别词义的作用，其音高模式存在于音节词中；英语的音高活动只具有在短语和句子层面的语用功能（马秋武，2015）。李智强（2011）看到，"如果把英语一般疑问句升调用在汉语一个音节上，如'Anne？'，听起来有点像普通话二声"。在英语里，有一些极常用的单音节词，如"yes""now""well"等都可以读成高平调，从听觉上跟汉语阴平几乎一样（卜友红，2003）。

图 5（上）是美国英语陈述句"Anna！"的音高曲线，①图 5（下）是疑问句"Anna？"的音高曲线，发音人为女性。从图 5（上）看到，陈述句中"An"音节念高调，其音高曲线中间部分几乎为平，开头略升，末了稍降；从图 5（下）看到，在疑问句"Anna？"中，"An"音节音高下降到低点后上升，而"na"音节音高快速上升。陈述句"Anna！"中的"An"音节听起来很像汉语阴平，而疑问句"Anna？"中的"An"音节听起来像上声，而"na"音节像阳平。以疑问语气说出的"Anna？"恰好对应于"上声+阳平"的双音节声调组合。李智强（2011）指出在声调教学中双音节声调组合是声调训练的重点。这种对应关系的建立在语音学习起始阶段尤其重要，可以帮助一些学生很快找到声调的"感觉"。

英语学习者学习汉语高平调时，可比照陈述句"Anna！"中"An"音节，或 yes、now、well 等单音节；学习低调和升调时，可分别比照疑问句"Anna！"中，"An"音节的音高下降到低点后缓升，和"na"音节音高快速上升。这种办法结合四声的听辨练习，可以帮助学习者初步建立四声声调目标值。根据对等分类原则，学习者建立对等关系是语音习得的重要步骤，随着语言经验的不断增加，这种对应关系会不断得到印证或校正。

---

① 图中 H、L 等符号分别代表音高的高、低目标。在英语语调中，带*号的为音高重音，带–号的为短语音调，带%号的为边界调。

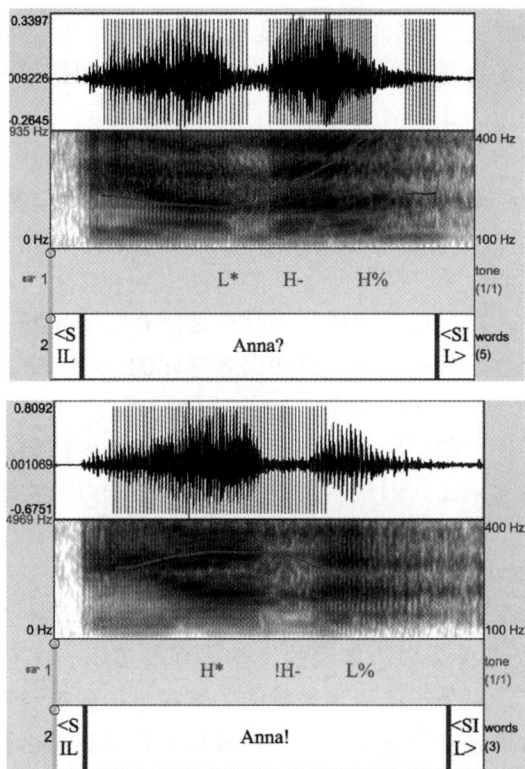

图 5　美国英语陈述和疑问句音高曲线

　　学习者学习汉语声调时，比照英语中合适的、类似的音高曲线来念，声调就有可能变成一种他们能切实把握的语音范畴，即使他们头脑中建立的范畴暂时有一定偏差，在此基础上，外国学生是完全有条件学好汉语声调的。如能这样进行声调教学，学习者就会较容易地学好汉语四声。当然，学习者在这样做时，如发现说的声调不合适，也要在老师的指导下进行调整，直到听起来合适为止，从而最终建立合适的声调目标值。

　　其次，按照发音与听辨相结合的原则进行声调教学。从语音研究的角度看，听和说是同一语音过程互为表里的两个方面，都是由大脑里建立的语音感知目标决定的。声调感知目标的建立是声调乃至语调习得的关键。学习者分辨不清四声就无法准确地说出四声。同时，可以使用跟读法、手势法、语音实验法、听辨调查法、对比分析法等对不同国家、不同母语背景的学习者进行汉语声调教学（赵金铭，2004；叶军，2008；旷洁，2013）。

　　针对声带紧张度跟声调基频的密切关系，学习者可以在老师的指导下，按照图 4 所划分的声带紧张度发音，结合听辨判断，从而获得汉语四个声调音高的高、低、升、降。为了获得阴平的高平调，学习者先让声带处于

"紧"状态，并始终保持这样的紧张度发音，学习者自己听自己发的声音，看看听到的音高是否是高平，如果不合适，则适当调整其声带紧张度，使听到的音高为高平为止；对阳平高升，让声带从不紧不松状态开始，很快地拉紧，一边听辨判断，一边调整其声带状态，以获得高升的音高；上声原来说是"214"，现在多数学者认为是"213"或"212"（林茂灿，2012c）。这样声带从"半松"开始，较快放松到"松"，保持一段松弛，最后拉紧一点，这是较完整的上声，即"全上"的念法。为获得去声降调，声带一开始从"紧"开始，然后逐渐放松，当然还要结合听辨判断。听辨和声带紧张度变化互相配合，从而实现发音和语音感知的统一。上声通常按照低调"21"来教，声带从"半松"开始，较快放松到"松"就可以了。由于上声低调不是单字调，一般只出现在非词末位置，所以老师们觉得在单字情况下，按照低调教上声比较困难。用声带松紧调节的办法实际上可以避开字调调型的限制。

（二）语调教学

英语与汉语虽然是不同类型的语言，但是英汉语调不仅都包含重音和边界调，而且汉语重音和边界调的声学表现与英语音高重音和边界调有"同"又有"异"。对外汉语语调教学的关键在于抓住英汉重读突显和边界调的相似性。母语为非声调语言的学习者如能掌握英汉语调这个特点，是有可能学好汉语语调的。关于这一点，林茂灿（2015）一文有较为详细的讨论。

1. 边界调教学

根据上面的讨论，汉语教师在教学中可以尝试利用英汉语边界调的相似性，进行汉语边界调教学。英语疑问和陈述边界调音高曲线的上升和下降是句末音高的上升和下降，如图 1（右下图）所示。而汉语边界调音高的上升和下降是相对于该边界音节声调音高曲线相应部分的上升和下降，如图 1（右上）所示。英语学习者学习汉语边界调，不能只让边界音节的音高上升和下降，而一定要让汉语疑问边界调音高的上升是相对于该音节四声音高曲线相应部分的上升，而陈述边界调音高曲拱的下降是相对于该音节四声音高曲线相应部分的下降，如图 1（右上）上箭头和下箭头所示。要让学习者把握住句末声调音高曲线，这样才能避免出现用英语的升调和降调替代声调的通病。"你是不是老师？"就变成了"你是不是老石？"。当然，疑问句如果是带轻声疑问词的（如吗、吧等），要按照轻声来读，也不能用英语的升调。这种情况是初学者常见的问题，老师要强调保持轻声的调型。

学习者念汉语疑问边界调时，要使其声带紧张程度分别相对于四声紧张度，起点处拉紧一点，终点拉得更紧一点；陈述边界调的声带紧张度分别相对于四声的紧张度，起点处放松一点，终点放松更多一点；学习者通过听辨，判断所发出的疑问语气和陈述语气合适不合适，如不合适，则要调整其声带紧张程度，直至听到的疑问语气和陈述语气合适为止。

在具体操练时，可以使用不带轻声疑问词的简单句子，让学生感觉声带的紧张度的变化。如对比陈述语气的"她姓王。"和疑问语气的"她姓王？"，"王"在疑问语气下，其阳平的高点听起来更高，声带也会拉得更紧。

2. 重音教学

汉语教师在教学中可以利用英语音高重音与汉语重音的相似性进行汉语重音教学。曹文（2010）提出外国人学汉语缺乏调域变化的问题。他认为，避免学习者的"洋腔洋调"主要在于要给学习者提供韵律词中有音域变化的训练，使学习者在说话时养成这个习惯。我们发现，母语为英语的学习者，短语重音后面音高曲线的音阶该下降的降不下来（如陈述语气），该上升的升不上去（如疑问语气）。我们认为，学习者如果认识到英语音高重音和汉语重音之间的相似性，恰当地运用二者的异同，就有可能解决他们讲汉语重音时该降不降、该升不升的问题。

同时，学习者在看到英汉重读突显"同"的同时，还要看到其"异"。学习者在学习汉语重音时既要看到汉语重音要像英语的像山峰和山谷那样，还要看到汉语山峰两侧的上坡和下坡及山谷两侧的下坡和山坡的起讫点的起讫点是音阶性的（即声调音高的整体变化），不像英语那样是音高性的（音高目标值的变化）。学习者要让汉语重音音高曲线不仅峰顶与峰谷之间的音域要扩大，而且峰和谷后面音高曲线的音域要显著变窄，其前面也略变窄。学习者念汉语重音时如果这样做了，就能做到该升的升和该降的降，听到的声音就会有轻有重。

声带的弹性控制犹如弹簧活动。声带处于正常嗓音状态的上端（图4"紧"状态），在重读作用下，使其弹性逐渐增加，基频上升，然后弹性就自动减少，声门下压力也减少，基频下降，形成音高曲线的山峰型；声带处于正常嗓音的下端（图4"松"的状态），在重读作用下，声带稍稍受压，这时的弹性和声门下压力使基频下降一些，然后弹性就自动增加，基频上升，形成山谷型的音高曲线。

学习者学习窄焦点重音时，对窄焦点重音落在高调音节上的，必须而且只能使阴平调起点或终点，阳平调终点和去声调起点的声带紧张度，拉紧一点（从图4的"紧"状态拉紧一点）后自然放松，使音高抬高后下降，这个韵律词或韵律短语的音高曲线就形成缓升后骤降；对落在低调音节上的，必须而且只能使低点紧张度下压些（如图 4"松"的状态下压些）后自然会收紧，使其音高下压后抬高。韵律词或韵律短语中，窄焦点重音的音高模式如图 1（左上）所示，音域由大变小，声音听起来就由重变轻。如果听起来觉得不合适，则要调整声带，直至听起来觉得轻重合适为止。学习者以平淡口气念各个音节，使各个音节的声调处于较为完整状态，大致就可掌握宽焦点重音。

重音教学要立足于声调和语调。由于对学习者的每个错音都进行纠正在课堂教学中是不现实的，老师可以进行有选择的纠音。处于重音位置的声调调型完整，调域较宽，接近单字调，是句子语调的中枢。我们提出重音位置的声调必须纠正，而对非重音位置的声调出现的错误可以有一定的容忍度，因为过度纠正以后学习者反而把不该重读的声调都重读了，这也是一种"洋腔洋调"。

七 结论

声调和语调的表现形式都是声带的基频变化，也就是听觉上的音高变化。从物理学的观点看，二者的声学属性是相同的，但是从语言学的观点看，它们表达不同的功能，作用范围也不同。汉语声调是字调，每个音节有一个声调，基频变化的作用域是音节。有的语言有词调，如日语、瑞典语和某些韩语方言，基频变化作用域是多音节词。语调是发生在较大韵律单元内的基频变化，如英语的语调。汉语的语调变化远不如英语显著，而且是作用于声调之上的变化，所以还是要从声调入手。汉语声调之所以是语音学习的难点，就是每个音节在平均 150—200 毫秒（0.15—0.2 秒）的时间内都有不同的基频变化。这对于母语是非声调语言的学习者来说无疑是巨大的挑战。学生只有通过有目的的训练，逐渐适应汉语声调的基频变化，才能达到发音流利和自然的目标。

从汉语语调与声调之间存在的叠加关系看，非声调语言学习者要学好汉语语调必须先掌握汉语声调。也只有学好了语调，声调的学习效果才可巩固。根据英汉语调的相似性，在教学中汉语教师可以恰当地运用英汉语调的"同"和"异"，以达到帮助学生尽快建立声调感知的目标。由于汉语声调基频与声带紧张度之间有极强的相关性，学习者可以根据声带紧张度练习发音，结合听辨判断，掌握声调的正确发音动作，同时把发音和听辨相结合的原则贯穿于声调和语调学习中。

本文认为，在对外汉语声调和语调教学中，紧紧抓住"汉语语调与声调之间存在的紧密关系以及英汉语调之间存在的相似性"两个特点，恰当运用学习者已有的语调知识于声调及重音学习上，把发音和听辨相结合贯穿于声调和语调教学之中，也许是学好汉语声调和语调的一条有效途径，使学习者说汉语时语音轻重分明，由"可听懂"逐步发展到"发音自然"。

在本文讨论的基础上，下面的一些问题值得继续深入探讨：

（1）命令句主要涉及边界调（路继伦、孙佳，2010），祈使句表现为强重音（陈虎，2006），也可按边界调和重音进行教学。

（2）我们用直接法测量了声门下压力，而 VCT 是用间接法测量的；如能按照 Ohala（1978：5-39）做的那样直接测量声带有关肌肉活动，从而研究 VCT 与基频之间的关系，会更准确地认识基频是如何产生的。

（3）英语和汉语的高调后音高下降，低调后上升，也就是说，重音之后一定是轻音。话语的轻重交替出现，说话时既可省力，也使得说出的话语有旋律感和节律感。英汉的节奏也可能有相似性，这个问题值得研究。

（4）对非声调语言学习者，要运用自己语言的语调知识于汉语声调和语调学习，应分国别分层次进行声调和语调教学（旷洁，2013）。

参考文献

鲍怀翘、林茂灿主编，2014，《实验语音学概要》（增订版），北京大学出版社。

卜友红，2003，*English Intonation: Its Form, Function and Application*（英语语调的结构功能及应用），外语教学与研究出版社。

曹文，2010，《汉语焦点重音的韵律实现》，北京语言大学出版社。

陈虎，2006，*English and Chinese Intonational Phonology: A Contrastive Study*（汉语语调音系对比研究），河南大学出版社。

陈虎，2008，《语调音系学与 AM 理论综论》，《当代语言学》第 4 期。

陈玉东、吕士楠、杨玉芳，2009，《普通话语段重音对小句重音声学特征的调节》，《声学学报》第 4 期。

贾媛、熊子瑜、李爱军，2008，《普通话焦点重音对语句音高的作用》，《中国语音学报》第一辑。

旷洁，2013，《印尼、韩、泰留学生韩玉单字调洗的实验研究》，暨南大学硕士学位论文。

李智强，2011，《对外汉语语音教学的语音学基础及教学策略》，《国际汉语教育》第 4 期。

林茂灿，2004，《汉语语调与声调》，《语言文字应用》第 3 期。

林茂灿，2006a，《疑问和陈述语气与边界调》，《中国语文》第 4 期。

林茂灿，2006b，《赵元任语调思想与边界调》，《语文现代化论丛》第七辑，第 46—51 页。

林茂灿，2012a，《汉语焦点重音和功能语调及其特征》，《中国语音学报》
　　第三辑。

林茂灿，2012b，《赵元任语调学说与汉语语调——纪念赵元任先生诞辰 120
　　周年》，《中国科学报》7 月 30 日 A07 版。

林茂灿，2012c，《汉语语调实验研究》，中国社会科学出版社。

林茂灿，2015，《汉英语调的异同和对外汉语语调教学——避免"洋腔洋调"
　　之我见》，《国际汉语教学研究》第 3 期。

林茂灿、李爱军，2016，《英汉语调的相似性与对外汉语语调教学》，《中国
　　语音学报》第七辑。

林茂灿，颜景助，孙国华，1988，《声带紧张度（VCT）和声门下压力（Ps）
　　在北京话两字组语音基频（F0）产生中作用的初步实验》，《中国语言
　　学报》第 3 期，284—300 页。

林焘、王理嘉原主编，1992，《语音学教程》，北京大学出版社。

林焘、王理嘉著，王韫佳、王理嘉增订，2013，《语音学教程（增订版）》，
　　北京大学出版社。

凌锋，2003/2005，《普通话上声强重音的声学表现》，《语言学论丛》第 31
　　辑，149—175 页。

路继伦、孙佳，2010，《汉语命令句音高、时长与音系模式》，《中国语音学
　　报》第二辑。

马秋武，2015，《什么是音系学》，上海外语教育出版社。

熊子瑜，2006，《普通话的语句音高分析》，《中文信息处理的探索与实践——
　　第三届 HNC 与语言学科学研究研讨会论文集》，北京师范大学出版社。

叶军，2008，《现代汉语节奏研究》，上海书店出版社。

赵金铭，2004，《对外汉语教学概论》，商务印书馆。

赵元任，1979，《汉语口语语法》，吕叔湘译，商务印书馆。

Chao，Y. R.，1968，*A grammar of spoken Chinese*，Berkeley: University of
　　California Press.

Flege，J.，1995，Second language speech learning: theory，findings，and
　　problems. In: Strange，W. ed. *Speech Perception and Linguistic Experience:
　　Issues in Cross-language Research*. Timonium，MD: York Press，233-276.

Flege，J.，2005，Origins and Development of the Speech Learning Model.
　　Keynote lecture presented at the *1st ASA workshop on L2 Speech Learning*.
　　Simon Fraser University，Vancouver.

Ladd，D.，1996，*Intonational phonology*. Cambridge: Cambridge University
　　Press.

Li，Z. and L，Q.，2016，Review of The Experimental Study of Intonation in Mandarin Chinese (in Chinese) by Lin，M. *Phonetica*，141-143.

Lin，M.，Li，Z.，2011，Focus and boundary tone in Chinese intonation. In *Proceedings of the 17th Inter. Cong. of Phonetic Sciences*. Hong Kong，1246-1279.

Pierrehumbert，J.，1980，*The Phonology and Phonetics of English Intonation*. MIT Ph.D. dissertation.

Monsen，R. B.，1978，Toward measuring how well hearing-impaired children speak. *Journal of Speech and Hearing Research* 21，197-219.

Stevens，K.，1998，*Acoustic Phonetics*. Cambridge，Mass.: MIT Press.

Ohala，J. J.，1978，Production of tone. In Fromkin V. A. eds.，*Tone: a linguistic survey*. New York: Academic Press，5-39.

Xu，Y.，1999，Effects of tone and focus on the formation and alignment of f0 contours. *Journal of Phonetics* 27，55-105.

再谈对外汉语声调和语调教学①

林茂灿

本文汉语指普通话，重音指重读突显或焦点重音，语气指仅靠音高变化而产生的疑问和陈述语气。

一　问题的提出

（一）赵元任（1933/2002：745）指出，当一个学习汉语的西方学生正确地说一个句子：

（1）这个东西↗好，那个东西↘坏。

然后又错误地说一个句子：

（2）那个东西↗坏，这个东西↘好。

赵先生认为，这个学生是"是仅仅在使用句调，而排斥字调。改正他语调最基本的办法是告诉他，即使'坏'出现在悬念子句末尾，也应该保持下降的声调，即使'好'出现在结论子句的末尾，也应该保持上升的声调"。

曹文（2010：152）看到，说汉语"外国人缺乏调域变化——主要是高音线降阶并持续到句尾——的训练或习惯"。

李智强（2014）（跟笔者讨论"洋腔洋调"问题时）指出："学汉语的美国学生，短语重音后面的音高曲线（音阶）该下降的降不下来，该上升的升不上去。"

英语（及其他非声调语言）学习者说汉语疑问和陈述语气时，如何做到在边界音节音高上升和下降的同时，还能保持其调型不变，就不出现"洋腔洋调"？说汉语重音时，如何在使重读音节携带焦点信息的同时，其调型也不变？如何使说出来话语的音域有宽有窄？如何使音高音域变窄的同时，还能使音色的共振峰央化，以产生轻音的感觉，话语有轻有重、轻重合适。

---

① 本文发表于《韵律语法研究》2019 年第 1 期。

（二）李智强（2011）提出，声调是语音教学的基础。学习者要学好汉语语调，必须先掌握好汉语声调，这是为什么？

李智强（2011）还提出"非声调语言学习者要运用自己语言的语调知识于汉语声调学习上的策略"。这个策略的根据是什么？我们（李智强、林茂灿，2017）还认为，只有学好了语调，声调的学习效果才可得以巩固，这又是为什么？

二　汉语语调音高与声调音高之间的叠加关系

汉语语调由重音和边界调两个要素组成（林茂灿，2012；Li，2015）。

我们（林茂灿、李爱军，2016；李智强、林茂灿，2017）给出了边界调音高与其声调音高之间的叠加关系（当时叫作依存关系），本文又给出了重读音节音高与其声调音高之间的叠加关系，如图1所示。从图1看到，重读音节音高和边界调音高是分别叠加在相应音节声调音高上面的，因而，重读音节和边界音节的调型都会保持不变。汉语语调是叠加在声调上面的，因而，学习者要学好汉语语调必须先掌握汉语声调，学好声调是学好语调的基础；当然，也只有学好了语调，声调的学习效果才可得以巩固。

（一）边界调

图1（左）表示边界调音高模式与边界音节音高模式之间的叠加关系。疑问边界调为阴平、阳平和去声音高的上升（细线），是把声调音高的起点抬高和终点抬得更高（粗线）而上升，边界调为上声音高的上升（细线），是把上声的起点和转折点音高抬高及终点抬得更高而上升（粗线），调型都保持不变；陈述边界调为阴平、阳平和去声音高的下降，是把声调音高的起点下降和终点降得更多而下降，陈述边界调为上声音高的下降，是把上声音高的起点下降和转折点降得更多而下降，调型保持不变。简单地说，疑问和陈述边界调音高的上升和下降，是相对于边界音节声调音高曲线相应部分的上升和下降。汉语边界调音高与边界音节音高之间的这种叠加关系，体现了赵元任（1929/2002：253-272）的"代数和"观点。

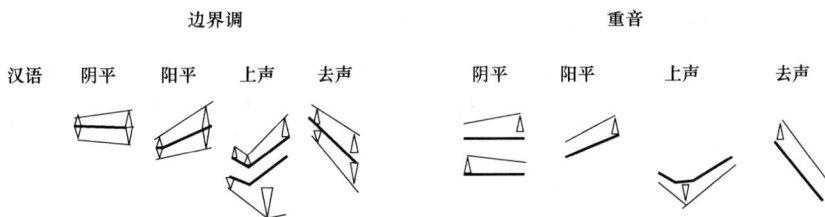

图1　汉语语调音高与声调音高之间关系的示意

图 1（左）给出的边界调音高与边界音节音高之间的叠加关系，是根据疑问和陈述短语的末音节互换试验，疑问边界调和陈述边界调与单字调关系的试验，与疑问边界调和陈述边界调音高表现的再验证（辨认实验）三个实验结果提出的。（林茂灿，2012：245-247；249-252；255-259）

第一，疑问和陈述短语的末音节互换试验结果表明，疑问语气和陈述语气随着短语末音节互换而互换，末音节前面的音高活动对语气只有一些影响。边界调对区分疑问和陈述语气的作用是主要的、决定性的，边界调前面各音节的音高活动对语气只有一些作用，是次要的。因而，区分疑问和陈述的征兆在边界调。

第二，疑问边界调和陈述边界调与单字调之间关系的试验表明：普通话疑问边界调不管是阴平、阳平、上声和去声的音高上升都是相对于边界音节音高曲线相应部分的上升，而陈述的边界调音高的下降是相对于这个边界音节曲线相应部分的下降。

第三，疑问边界调和陈述边界调音高表现的辨认实验，要求先制备末音节音高的刺激声，然后对刺激声作听辨判断（本文对辨认试验作简单介绍，如需了解其细节，见林茂灿，2012：245-252）。图 2-1 是发音人 L（女）念"三百三十三"和"八百八十"，C（男）念"九百九十九"和"二百四十四"的疑问和陈述的音高曲线（音高单位：ERB[①]）。对疑问和陈述"三百三十三"的末音节"三"音高曲线起点之间及终点之间的 ERB 差值分别做 10 个等分（等分大小等于步进大小），然后把起点的各点和相应终点分别做直线内插，得到"三"的 11 条直线；为了观察疑问和陈述的合成效果，第一条直线之下加了两条，第十一条直线之上加了两条，得到"三"15 条直线。陈述的"三百三十"四个音节的音高曲线，与末音节"三"15 条音高直线，构成"三百三十三"音高（ERB）的 15 步进连续体，如图 2-2 上部左边所示。按同样做法，陈述的"八百八"三个音节的音高曲线，与末音节"十"15 条音高直线，构成"八百八十"音高的 15 步进的连续体，如图 2-2 上部右边所示。图 2-2 下部左边是疑问的"九百九十" 四个音节的音高曲线，与末音节"九"15 条音高（ERB）直线，构成"九百九十九" 音高的 15 步进的连续体。图 2-2 下部右边是疑问的"二百四十"四个音节的音高曲线，与末音节"四"15 条音高直线，形成"二百四十四"音高的 15 步进连续体。图 2-2 四个 15 步进的音高连续体中，末音节音高的终点间隔比其起点的大，是由于图 2-1 四条音高曲线的疑问末音节音高

---

① 为了把本研究结果跟西方语言三项结果作比较，图 2 的音高单位采用了 ERB，它用如下公式由基频 f（单位：赫兹）计算得到：$ERB=16.7\log_{10}(1+f/165.4)$，此公式来自 Ladd 和 Morton（1997）。

的终点比陈述的起点抬得更高。

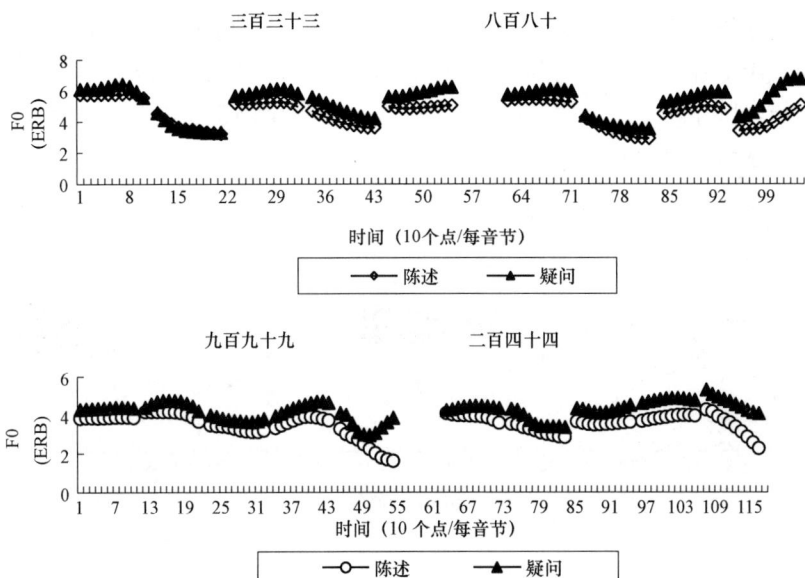

图 2-1　发音人 L（女）念"三百三十三"（上左）和"八百八十"（上右），和发音人 C（男）"九百九十九"（下左）和"二百四十四"（下右）疑问（实三角）和陈述（空圆圈）音高曲线

用 Parrt 语音分析和合成软件提供的 PSOLA 再合成选件，分别得到"三百三十三""八百八十""九百九十九"和"二百四十四"15 个步进的刺激声。把 60 个"三百三十三""八百八十""九百九十九"和"二百四十四"的刺激声重复 5 次后打乱，存于计算机。在计算机房内，10 位（5 男 5 女）听音人分别坐在计算机屏幕前，由计算机调出刺激声，经高质量耳机送到耳朵。每个听音人对每个刺激音至少听 3 次后，做出是疑问还是陈述的强迫判断。图 2-3 是以步进为变量，10 位听音人对"三百三十三""八百八十""九百九十九"和"二百四十四"15 个步进的刺激音分别判断为疑问的百分数。图 2-3 是末音节为阴平、阳平、上声和去声四个短语的疑问响应曲线，它跟英语（Ladd and Morton，1997）、荷兰语（Schneider and Lintfert，1999）和德语（Remijsen and Heuven，2003）的疑问响应 S—型（S—shaped）曲线基本相似。这不仅说明区分汉语疑问与陈述的信息跟英语等语言一样也存在于边界调中，而且说明汉语疑问语气是边界调音高的起点相对于陈述的抬高和终点抬得更高而致。汉语普通话边界调的音高活动方式的客观性得到了证明。为了便于把本研究结果跟西方语言三项结果作比较，图 2-2

的音高单位采用 ERB，它通过如下公式由基频 f（单位：赫兹）计算得到：
ERB=16.7log$_{10}$(1+f/165.4)，此公式来自 Ladd 和 Morton（1997）。

　　这个辨认试验结果不仅又一次说明，末音节音高对区分疑问和陈述有
决定性作用，而且说明末音节音高跟时长比较，音高对区分疑问和陈述语
气的作用更加重要，因为四个 15 步进音高连续体中，两个末音节用了陈述
的时长，另外两个用了疑问的时长，而且在同一音高 15 步进的连续体中，改
变的是末音节音高而时长保持不变。

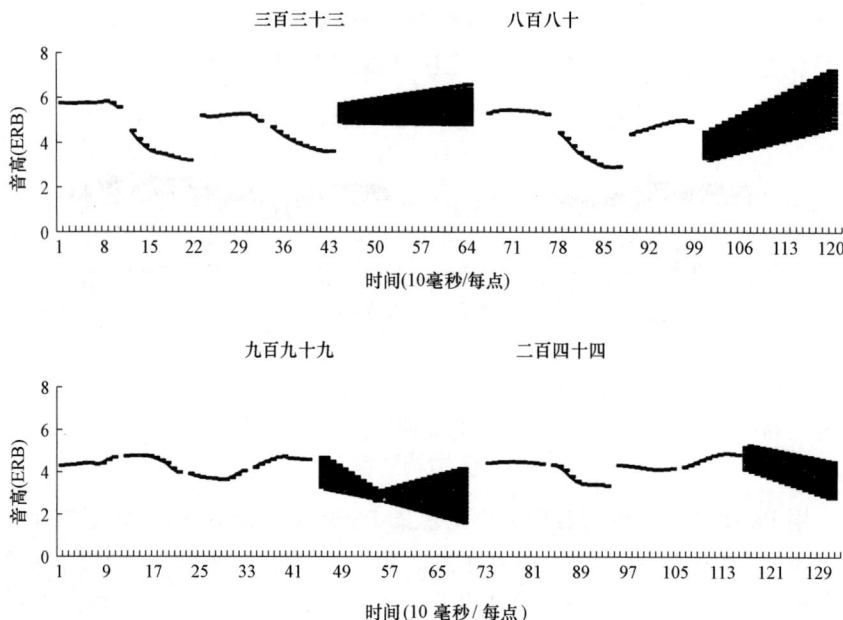

图 2-2 "三百三十三"（上左）和"八百八十"（上右），"九百九十九"（下左）和"二
百四十四"（下右）音高（ERB）连续体（15 步进）

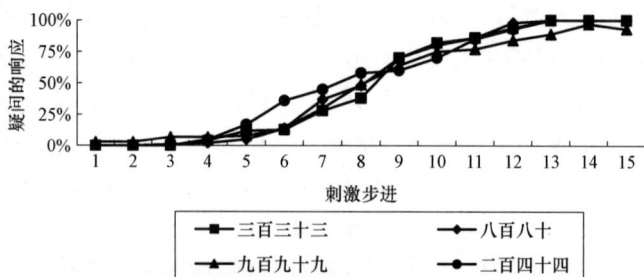

图 2-3 "三百三十三""八百八十""九百九十九"和
"二百四十四"的以步进为变量的疑问响应曲线

（二）重音

图 1（右）表示汉语重读音节音高与声调音高之间的叠加关系：重音落在高调（阴平、阳平和去声）上，把高调音节的高点音高抬高（上箭头表示音高抬高），尽管其低点可能会受前面和/或后面声调的协同发音作用而低些，但音高变化都在其范畴之内；落在低调（上声）上，把低调音节的低点音高下压（下箭头表示音高下压），使这个音节（音域扩大）获得重音的同时，还使这个音节的调型保持不变（范畴之内）。汉语重读音节音高与声调音高的之间的这种叠加关系，体现了赵元任（1932/2002：718—733）提出的"橡皮带"比喻思想。

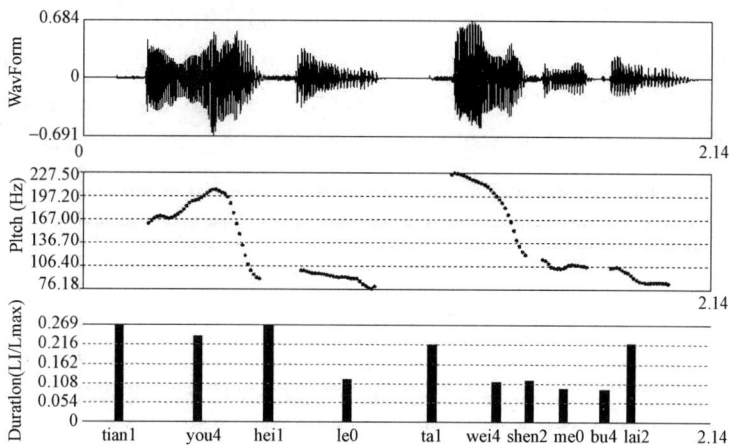

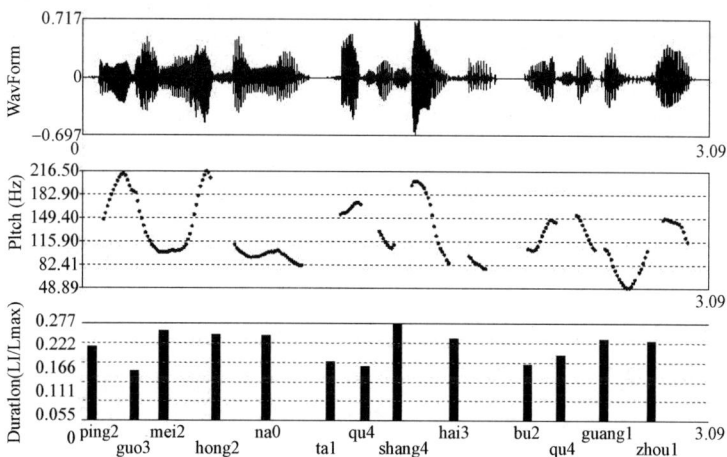

图 3　汉语音节重读时的音高曲线：天又黑了（上左）
（汉字下面的下划线表示重读，下同）。他为什么不来。（上右）
苹果没红哪！（下左）他去上海，不去广州。（下右）

　　图3（上左）"天又<u>黑</u>了。"中，"黑"重读，其终点音高抬高，起点音高受前面"天又"音高的逆向作用而低了点；"黑"音高曲线虽然有点斜度，属于阴平范畴，听起来仍然是阴平，调型没变。

　　图3（上右）"<u>他</u>为什么不来。"的"他"因为重读，起点音高抬高，终点音高受后面"为什么不来"的顺向协同发音作用而下降；"他"音高曲线虽然有点下降，听起来仍然是阴平，调型没变。

　　图3（下左）"苹果<u>没</u>红哪！"的"没"重读，使其终点音高抬高，起点音高因其前面"果"的逆向协同发音作用而降低，调型不变。

　　图3（下右）"他去<u>上</u>海，不去<u>广</u>州。"分两个短语，"上海"的"上"和"广州"的"广"重读，"上海"的"上"起点抬高，终点受后面"海"逆向作用而降低，"上"调型保持不变，而"海"读成下降音高，听起来觉得轻；"广州"的"广"调型没变（降升型），但其转折点下压很多，音高曲线像漏斗，出现"嗓子带有点儿卡的吱嘎嗓音"，而"州"的音高比其前面"他"的音高低一些。

　　图3说明，汉语音节重读了，其调型不变；如同边界调那样，重音也是叠加在声调上面的。重读音节的音域比其周围音节的扩大了，时长长了，后面音节的音高压缩了，这是汉语重音的特点。

　　赵元任（1968，见吕叔湘译，1979：23）提出，"汉语重音首先是扩大音域和持续时间"，赵先生接着说，"因此，第三声重读时会降得更低些，第四声重读时起点更高，降得更低些。"赵先生这儿说"扩大音域"的扩大，笔者以为是分别指音高的<u>抬高</u>和音高的<u>下降</u>。因而，汉语高调重读时的重，跟低调重读时的重，二者音高突显的感觉是不同的，因为，高调重读的突显是音高的抬高，而低调重读的突显是转折点音高的下降，音高曲线<u>可能</u>出现形如漏斗，听起来觉得"嗓子有点儿卡"的吱嘎声或气泡音。

三　英汉语调的共性和差异

　　我们在对英汉语调作比较研究（林茂灿，2015）后，从《相似论》（张光鉴，1992）出发研究英汉语调的"同"和"异"（林茂灿、李爱军，2016），又根据语言类型学（刘丹青，2003；沈家煊，2015；陆丙甫、金立鑫，2015，等）研究英汉语调的共性和差异，其共性和差异用图4表示（林茂灿、李爱军，2017、2018）。我们认为，《相似论》的"同"和"异"等同于类型学的共性和差异。

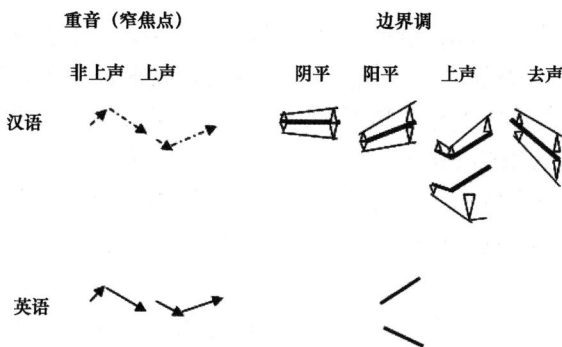

图 4　英汉语调共性和差异的示意

　　图 4（左）表示英汉重读突显的音高曲线都是山峰型和山谷型，山峰和山谷两侧的上坡和下坡分别用向上箭头和向下箭头表示其共性；英语的山峰用实线，而汉语的用虚线，表示二者的差异；图 4（右）表示英汉疑问和陈述边界调音高曲线的共性和差异。图 4（右上）给出了汉语四个声调的音高曲线（阴平高平、阳平上升、上声低降升和去声下降，用粗线表示）及疑问（最上边的细线，上升的）和陈述（最下边的细线，下降的）边界调音高曲线；图 4（右下）给出了英语疑问的上升音高曲线和陈述的下降音高曲线。

　　（一）英汉疑问和陈述边界调的共性和差异

　　英语疑问语气和陈述语气由边界音节携带。英语疑问和陈述边界调的音高是音高本身的上升和下降，如图 4（右下）所示。

　　汉语疑问语气和陈述语气（只靠音高传递语气的）跟英语一样由边界音节携带，边界音节的调子也称为边界调。汉语疑问边界调，不管其边界音节是阴平、阳平、上声还是去声，疑问和陈述边界调音高的上升和下降，是相对于边界音节声调音高曲线相应部分的上升和下降。如图 4（右上）所示的那样。

　　英语和汉语的疑问边界调的音高曲线都是上升的，英语和汉语的陈述边界调音高曲线都是下降的，这是二者的共性，但是，英语疑问和陈述边界调音高曲线的上升和下降是音高本身的上升和下降，而汉语边界调音高的上升和下降是相对于该边界音节声调音高曲线相应部分的上升和下降，这是二者的差异。

　　因而，英汉疑问和陈述边界调的语音表现存在着共性和差异。

　　（二）英汉重读突显的共性和差异

　　1. 英语音高重音的音高曲线像山峰和山谷

　　英语音高重音包含核心音调和其前的主要音调（leading tone，引领音调）及延展音调（trailing tone，后续音调）三部分，我们称这三部分为"音高重音域"（核心音调是不可缺少的）。英语音高重音，无论是 7 个还是 5 个，其音高曲线都像山峰（高调和含高调的）和山谷（低调和含低调的），峰（peak）和谷（valley）都落在核心音节上：峰有高有低、有宽有窄，谷有深有浅；核心音调为一个音节的是窄峰，核心音调为不止一个音节的是宽峰，叫"帽型"（hat-pattern）。（Ladd，1996；陈虎，2006、2008；马秋武，2015）

　　我们称山峰的两侧为上坡和下坡，山谷的两侧为下坡和上坡。英语山峰的峰顶和山谷的谷底位置由音高（基频）大小确定，山峰和山谷的上下坡的起讫点位置由音高决定，如图 5 所示。图 5 中，H 调形成山峰的上坡和下坡，L 调形成山谷的下坡和上坡，用黑色直线表示。图 5 中，H 调形成山峰的上坡是从起点音高到核心调的高点音高（山峰的峰顶），而下坡是从核心调的高点音高到延展音调的终点音高；L 调上形成山谷的下坡是从其起点音高到核心调的低点音高（山谷的谷底），其上坡是从核心调的低点音高（山谷的谷底）到延展音调的高点音高。

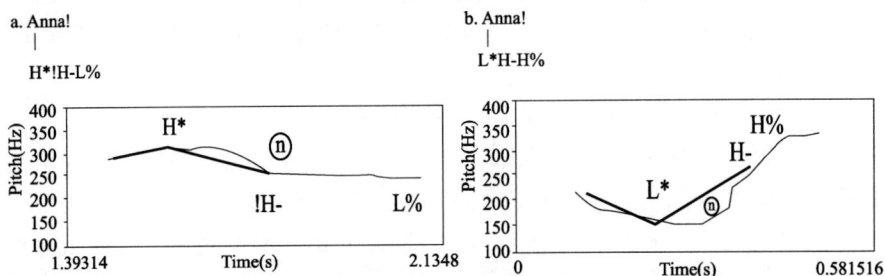

图 5　英语陈述句"Anna!"和疑问句"Anna？"的音高曲线（陈虎，2006：39）

　　2. 汉语重音的音高曲线也像山峰和山谷

　　汉语重音落在高调（阴平、阳平和去声）上，使高调音节的高点抬高，高调前的音高缓升，高调后音节的音高骤降，音高曲线形成山峰；汉语重音落在低调（上声）上，使低调音节的低点音高下压很多，音高曲线形成山谷，这种山谷型会出现两种不同程度的吱嘎声，另一种是低调下压一些，形成"延迟的峰"，"迟后的峰"和焦点音节声调（上声）共同对重音的感知作出贡献。

　　（1）高调的音高曲线

　　窄焦点落在高调（阳平，阳平和去声）上，音高曲线像山峰。图 3 短语（上左）"天又黑了。"（下左）"苹果没红哪"和图 3（下右）"他去上海"中，重读"黑""没"和"上"使短语音高曲线形成了山峰，山峰前的"天又""苹果"和"他去"音高曲线位置，比其峰顶的低，而后面的"了""红哪"和"海"

音高曲线位置比峰顶低得多。图 3（上右）"他为什么不来。"音高曲线，因
"他"重读形成了山峰，峰顶后"为什么不来"的音高曲线位置比山峰的峰顶
低得多。"天又""苹果"和"他去"，及"了""红哪""海"和"为什么不来"
音高曲线的位置，用音阶表示它们是一起念出来的；音阶是一个音节或多个
音节音高的平均值（下同）。图 3 的音高曲线中，山峰两侧为上坡和下坡，上
坡是从"天又""苹果"和"他去"的音阶值到峰顶音高值，下坡是从峰顶音
高值到"了""红哪""海"和"为什么不来"的音阶值。从这四个短语看到，
重音落在高调上，上坡为缓升，下坡为骤降。

山峰型的峰由音高值决定，而山峰前后上坡和下坡音高曲线的起讫点
由音阶值决定，用音阶值表示几个音节是一起念的，念得轻。

（2）低调的音高曲线

窄焦点落在上声上，出现三种音高曲线，其中两种的上声音节听
起来重，另一种是"迟后的峰"和焦点音节声调共同对重音的感知作
出贡献。

一种是上声的低点下压很多，音高曲线像漏斗，形成山谷型，如图 3（下
右）短语"不去广州。"中，"广州"的"广"重读，其转折点基频下降到约
50Hz，音高曲线像漏斗，出现吱嘎声，而"州"音高比其前面"他"的低一
些。短语"不去广州"中，"广"重读使其音高曲线形成了山谷，山谷前面"不
去"和后面"州"的音高曲线位置比谷底的高。"不去"和"州"的音高曲线
位置，用音阶表示。"不去广州"中，从"不去"的音阶值到谷底音高值，和
从谷底音高值到"州"的音阶值，分别表示山谷的下坡和上坡。

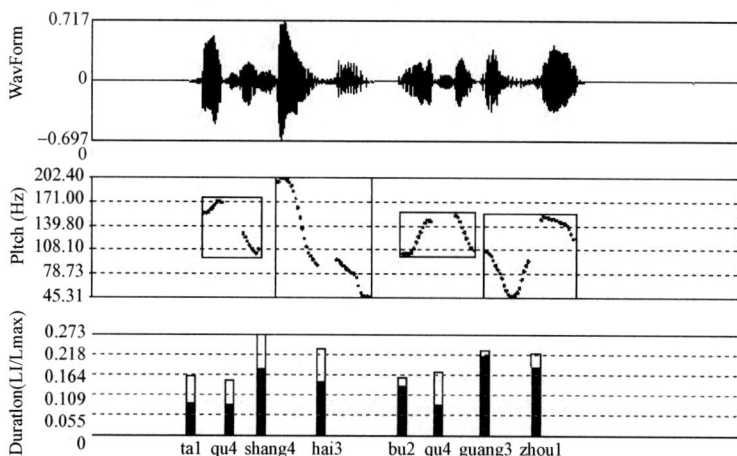

图 6 "他去上海，不去广州。"各音节的波形（上部），
音高曲线（中部）和时长（下部）

　　另一种如图 7"他可以写得好"的"写",其低点下压不如"广"的多,音高曲线为低降有一点升,低点处有小幅音高起伏,时长是短语中最长,音高曲线也是山谷型。"他可以写得好"中,下坡从"他可以"的音阶值到谷底音高值,上坡从谷底音高值到"得好"的音阶值。

　　赵元任(1980:65)指出:"第三声到了最低的时候,嗓子就有一点儿比较紧的状态,听得出嗓子有点儿卡那种作用。"曹文(2010:150)认为:"除了其前后音节的高音点落差和时长信息外,T3(上声——引者按)本身是否带吱嘎声也是它加重与否的重要表征。"林茂灿、李爱军(2018)认为,"在带焦点的短语中,上声出现的'嗓子有点有点儿卡'的吱嘎声或气泡音,是汉语上声重读的标志之一!"

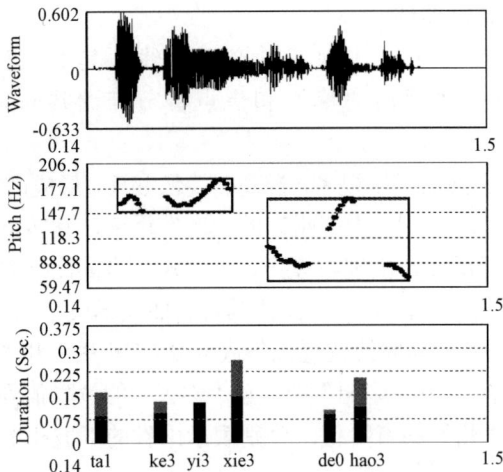

图 7 "他可以写得好。"各音节的波形(上部),
音高曲线及表示韵律词的方框(中部)和时长(下部)

　　窄焦点落在上声上会出现另一种表现。马秋武(1988,2017:47)在"上声后非上声组合"中看到,上声"承载焦重音时,其音高本身不可能抬升,只能降低。有趣的是:承载焦点重音的上声音高比不承载焦点重音的上声音高实际上略有降低,其后的非上声(阴平、阳平、去声)声调中的高调位却出现了明显的抬升,形成了滞后的'音高峰'",如图 8(1)、图 8(2)和图 8(3)所示。马秋武(2017:56)提出:"如果该语言拥有低平调(半上——引者按),该低平调需要借助其后非低平调声调含有的高调位往上延伸来与承载焦点重音的音节声调构建起音域扩展的感知度。"也就是说,"迟后的高峰"和焦点音节声调共同对这种重音的感知。

8（1）李上英阴今阴天阴修阴飞阴机阴

8（2）李上圆阳明阳年阳来阳吉阳林阳

8（3）李上艳去住去在去大去庆去市去

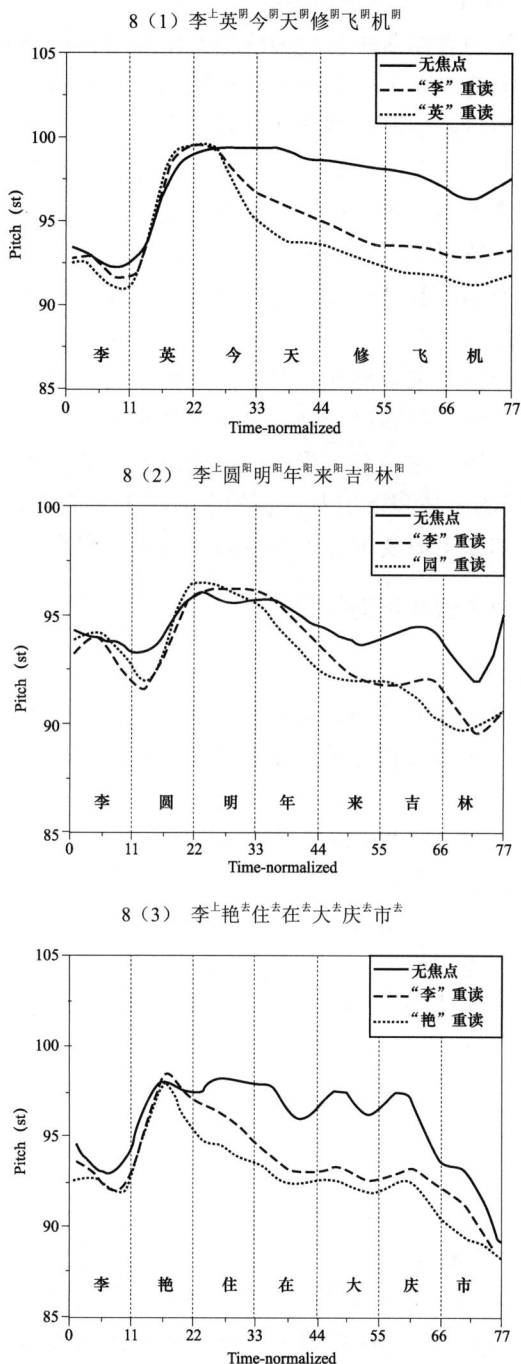

图8　"李英今天修飞机""李圆明年来吉林"和"李艳住在大庆市"的
无焦点和"李英""李圆"和"李艳"重读的音高曲线

（三）英汉重读突显的共性和差异

英汉重读突显的音高曲线都呈山峰型和山谷型，山峰和山谷两侧的上坡和下坡分别用上箭头和下箭头表示，如图 3（左）所示的那样。英语山峰的峰顶和山谷的谷底位置由音高（基频）大小确定。汉语山峰的峰顶是由阴平的起点或终点音高的抬高，阳平终点音高的抬高和去声起点音高的抬高引起的，其峰顶的位置也由音高大小确定；谷底是由上声转折点的音高下压引起，谷底位置也由音高大小确定。英语音高重音和汉语重音的音高曲线都呈山峰型和山谷型，其峰顶和谷底的音高都由音高（基频）大小决定，这是二者的共性。

英语音高重音的峰顶音高和谷底音高是重读时直接引起的音高高低变化，而汉语重音的峰顶和谷底音高，是重读分别作用于高调上和低调上引起的音高抬高和下压，这是英汉重读突显的差异；英汉重读突显的另一个差异是，英语山峰的上坡和下坡及山谷的下坡和上坡的起讫点由音高决定，而汉语山峰的上坡和下坡及山谷的下坡和上坡的起讫点由音阶决定。

四　对外汉语语调和声调教学

（一）声调教学

汉语声调具有区别词义的作用，其音高模式存在于音节词中，而英语的音高活动只具有在短语和句子层面的语用功能（马秋武，2015），英汉音高的功能不同。

李智强（2011）提出："从语音声学表现来说，声调和语调是同属性的，是作用于不同语言单位的音高变化。因此，在单字调学习起始阶段，非声调语言学习者运用已有的语调（音高）知识于声调（音高）学习上，有助于建立初步的声调感知模型。"下面举例说明：

卜友红（2003）认为："英语 yes、now、well 等单音节话语的音高像普通话阴平。"李智强（2011）认为："如果把英语的一般疑问句升调用在一个单音节词上，听起来还是有点像普通话的二声的。"同理，陈述句的降调音高用在汉语一个音节上，比较强调的读法听起来像普通话四声。英语学习者学习普通话阴平、阳平和去声可以分别比照它们来练习。

图 9 是英语"another orange"用不同语调念的音高曲线。图 9（左）用 L*（低调）念"orange"中 /ɒrɪn/的音高曲线，跟汉语上声（低调）音高曲线很相似，学习者学习汉语上声时可比照它来练习；图 9（右）用 H*（高调）念"another"中/əˈnʌ/的音高曲线，跟汉语去声音高曲线相似（其音高峰顶前面的音高上升可能也是发音出现的"弯头"），学习者学习汉语去声时可比照它来练习。

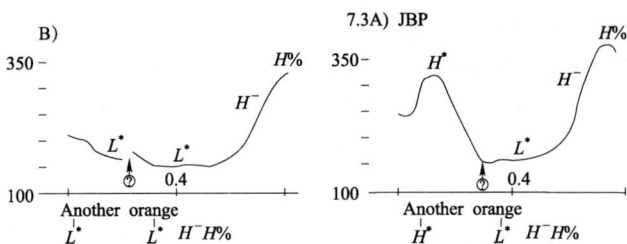

图 9　英语"another orange"用不同语调念的音高曲线
(Pierrehumert，1980：259)

　　学习者学习汉语声调时，比照自己认为合适的、相似的语调音高曲线来念，其结果会如李智强（2011）认为的那样，"外国学生是完全有条件学好汉语声调的"；如能这样进行声调学习，学习者就会较容易地学好汉语声调；当然，学习者在这样做时，如发现说的声调不合适，要进行适当调整，直到听起来合适为止。

　　声调在不同的韵律条件下表现出不同的音高呈现方式。其中重音和边界调对句子表层语音形式的影响，都要通过声调的不同呈现方式表现出来。

　　在声调学习开始阶段，通过利用学习者已有的音高知识建立声调的对立关系和感知模式以后，就要把注意力转移到声调在句子中不同的音高呈现方式。

　　（二）语调教学

　　1. 英汉重音的音高曲线都像山峰和山谷，给人以突显的感觉

　　我们认为，在对英语（及其他非声调语言）学习者进行汉语语调教学时，应该让学习者在看到英汉重读突显共性的同时，还要让他（她）们掌握、使用其差异。学习者把汉语重音落在高调上时，既要让说出来的音高曲线也像英语的那样成为山峰，还要把峰顶后面的音节一起念，其音阶下降，形成峰顶后面的音高骤降，产生足够的音高落差。学习者把汉语重音落在低调（上声）时，或让转折点的音高下压得多，觉得"嗓子有点儿卡"，听到吱嘎声，或让上声音高略有降低，但其后面的非上声声调中的高调位却出现明显的抬升，形成了"滞后的高峰"。

　　我们（林茂灿、颜景助，1980）看到，在"重轻"型双音节词语里，轻声音高随前面重读音节的声调而变化，即阴平、阳平和去声后面的轻声音高呈下降型，上声后面的音高呈中平或略升型，轻声音节的音色央化，轻声时长比前面重读音节缩短约一半。因而，"重轻"型双音节词语音高曲线的音阶走向（见图10）跟短语窄焦点重音的音阶走向（如图4左上所示）相似。

　　我们认为，学习者可通过反复念"中重"和"重轻"对立的双音节词语，

如"东西—东·西""跟前—跟·前""说法—说·法""兄弟—兄·弟","罗锅—罗·锅""别人—别·人""来往—来·往""服气—福·气","火烧—火·烧""口头—口·头""起火—起·火""口袋—口·袋""将官—将·官""过年—过·年""下水—下·水"和"大意—大·意"等。学习者如能掌握"重轻"型双音节词语音高曲线的音阶走向，音域由大变小，和轻声音节时长比其前面重读音节缩短约一半，且音色央化，将为学习大于两音节词语的轻重音打下良好基础，因为汉语窄焦点重音，不仅其后面的音高要下降和上升，而且其音色也要不同程度地央化，其时长也要程度不同地缩短。学习者说出来的这样的汉语轻重音，才会让人感觉到有轻有重、轻重合适。

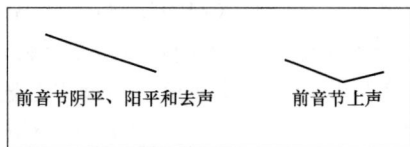

前音节阴平、阳平和去声　　　　前音节上声

图 10　"重轻"型双音节词的音阶走向示意

2. 英汉边界调音高都是上升和下降，给人以疑问和陈述的语气

学习者知道英汉边界调音高都是上升和下降的同时，还要运用其差异，因为学习者在说汉语疑问语气和陈述语气时，如果没有让边界调音高的上升和下降相对于边界音节声调音高曲线相应部分的上升和下降，其语气就不对，就会产生"洋腔洋调"。

学习者学习汉语时，既要掌握他或她母语与汉语在边界调上的共性和差异，还要掌握他或她母语与汉语在重音之间的共性和差异，这样他和她说出来的汉语就不会出现"洋腔洋调"，而且有轻重，给人以抑扬顿挫、轻重缓急的节奏感。

五　开展汉语语调与其他非声调语言语调的类型学研究

为了做好对外汉语语调教学，语音学研究者还应该开展汉语语调与其他非声调语言语调的类型学研究。在对外汉语语调教学中，正确地运用有关非声调语言语调与汉语语调之间的共性和差异，以及语调与声调的叠加关系，并运用该语言有关语调知识于汉语声调教学之中，可取得更好的教学效果。这项研究不仅有助于对外语调及声调教学，如能进一步研究汉语北京话与方言之间的共性和差异，便有可能得到语调共性的结论，填补语调共性这个研究领域的空白！

参考文献

卜友红，2003，《英语语调的结构、功能及应用》（*English Intonation：It's Form，Function and Application*），外语教学与研究出版社。

曹文，2010，《汉语焦点重音的韵律实现》，北京语言大学出版社。

陈虎，2006，《英汉语调音系对比研究》，（*English and Chinese Intonational Phonology：A Comparative Study*），河南大学出版社。

陈虎，2008，《语调音系学与 AM 理论综论》，《当代语言学》第 4 期。

李智强，2011，《对外汉语语音教学的语音学基础及教学策略》，《国际汉语教育动态·研究》第 4 辑。

李智强，2014，《关于"洋腔洋调"问题的讨论》，私人通信。

李智强，林茂灿，2017，《对外汉语声调和语调教学中的语音学问题》，《语音研究报告》（24），中国社会科学院语言研究所语音研究室编。

林茂灿、颜景助，1980，《普通话轻声的声学性质》，《方言》第 1 期。

林茂灿，2012，《汉语语调实验研究》，中国社会科学出版社。

林茂灿，2015，《汉英语调的异同和对外汉语语调教学：避免"洋腔洋调"之我见》，《国际汉语教学研究》第 3 辑。

林茂灿、李爱军，2016，《探讨英汉语调的相似性》，第三届汉语韵律语法国际研讨会，北京语言大学，9 月 23—25 日。

林茂灿、李爱军，2017，《语调类型学研究——英语语调的共性和差异》，第 14 届全国人机语音通讯学术会议，连云港，10 月 11—13 日。

林茂灿、李爱军，2018，《英汉语调的共性和差异》，今日语言学，http：//ling. cass. cnz/xzfc/xzfc_xzgd/201801/t20180110_3810278. html。[2018-1-10]。

刘丹青，2003，《语言类型学与汉语研究》，《世界汉语教学》第 4 期。

陆丙甫、金立鑫，2015，《语言类型学教程》，北京大学出版社。

马秋武，1988，《汉语普通话音系描写初探》，天津师范大学硕士学位论文。

马秋武，2015，《什么是音系学》，上海外语教学出版社。

马秋武，2017，《汉语语调焦点重音的韵律实现方式与类型》，《韵律语法研究》第 2 辑（1），北京语言大学出版社。

沈家煊，2015，《词类的类型学和汉语的词类》，《当代语言学》第 2 期。

赵元任，1929，《北平语调的研究》，《最后五分钟（附录）》，载《赵元任语言学论文集》，商务印书馆，2002 年。

赵元任，1932，《英语语调（附美语变体）与汉语对应语调初探》，《中研院史语所集刊》，《蔡元培先生六十五岁庆祝论文集》，载《赵元任语言学论文集》，商务印书馆，2002 年。

赵元任，1933，《中国字调跟语调》，《中研院历史语言研究所集刊》第四本第二分，载《赵元任语言学论文集》，商务印书馆，2002 年。

赵元任，1979，《汉语口语语法》，吕叔湘译，商务印书馆。

赵元任，1980，《语言问题》，商务印书馆。

张光鉴，1992，《相似论》，江苏科学技术出版社。

Li，A.，2015, *Encoding and Decoding of EmotionalSpeech: A Cross-Cultural and Multimodal Study between Chinese and Japanese*，Berlin，Heidelberg：Springer.

Ladd，D., 1996, *Intonational Phonology.* Cambridge：Cambridge University Press.

Ladd，D. & Morton，M., 1997, The perception of intonational emphasis：continuous or categorial. *Journal of Phonetic*s，25：313-342.

Pierrehumbert，J., 1980, *The Phonology and Phonetics of English Intonation.* Cambridge，Mass：MIT Press.

Remijsen，B. &Heuven，V. J., 2003, Gradient and categorical pitch dimension in Dutch：Diagnostic test. *Proc. of the Int. Cong. of Phonetic Sciences.* SanFrancisco：1865-1868.

Schneider，K. &Lintfert，B., 1999, Categorical perception of boundary tone in German. *Proc. of the Int. Cong. of Phonetic Sciences.* Barcelona：631-634.

声调和语调的"最小载讯元素"、形态、类型等问题

——需要深入研究声调与语调之间的关系

林茂灿

本文先探讨声调和语调"最小载讯元素"是什么，接着从"最小载讯元素"讨论形态、类型等问题。声调与语调之间的关系，语音学同人还要继续努力研究。

一 问题提出

吴宗济先生于 20 世纪 50 年代末，带领我们开展汉语实验语音学研究时就主张：实验语音学要"探索语音的真相"。这是因为 20 世纪四五十年代，国内外"通讯工程正在寻找语音在传输中，哪些谐波、哪些频率成分是必须保留的，哪些是次要的，从而出现了多余率概念；为了提高电话线路的通信效率，必须找到语声的'最小载讯元素'"。（见：《实验语音学概要》，1989：3）*Preliminaries to Speech Analysis：the distinctive features and their correlates*（Jakobson，Fant，Halla，1952）是这方面的经典之作。"最小载讯元素"是信息论用语，指语音信号在通讯设备中，必须保留的最低限度部分；超过这个部分的，对语音信息是多余的。"最小载讯元素"是相对于"多余率"而言的。

现在，多余率概念既可出现于语音，也可出现于音系，还可出现于句法和语义。（见：《现代语言学词典》（第 4 版），沈家煊译，2000）

元音和辅音存在于语音的周期波和非周期波（噪声波）中，"实验证明，元音的最小信息单元是元音的前三个共振峰。""一切辅音在语图上都只有横杆、竖条（'冲直条'）和乱纹三种最基本纹样的单独出现或共同出现所组成的。这三种模式反映了一切辅音的声学特征。"（见：《实验语音学概要》，1989：3，118）

元音的前三个共振峰和辅音的横杆、竖条（"冲直条"）和乱纹，是语音音段的"最小载讯元素"（携带最起码信息的成分）（minimum information-bearing element）。宽带语图上，跟前三个共振峰无关的谐波，和跟横杆、"冲直条"、乱纹无关的非谐波、噪声，对元音和辅音是多余的。

元音的前三个共振峰和辅音的横杆、竖条（"冲直条"）和乱纹是语音音段的"最小载讯元素"；由前三个共振峰和辅音的横杆、竖条（"冲直条"）、乱纹分别组配（组合）得到的所有元音和辅音都携带着其最起码信息的成分。

我们认为，"最小载讯元素"不仅存在于音段（元音和辅音）之中，也应该存在于超音段中。超音段的"最小载讯元素"是什么？

二　超音段"最小载讯元素"

这儿探讨声调和语调的"最小载讯元素"。

2.1　声调"最小载讯元素"

吴先生提出"探索语音的真相"时，就主张探索"声调的真相"。我们认为，探索"声调的真相"，就是要寻找声调的"最小载讯元素"。声调"最小载讯元素"要在音节的音高（基频，下同）曲线中寻找。

赵元任（1930）提出"一套标调的字母"，用于记录和描述直调（straight tones）、曲调（circumflex tones）和短调（short tones）。他说："每个标调字母由一条垂直的参考线构成，调位附在这条线的左边儿，调值附在这条线的右边儿。"（见：《中国现代语言学的开拓和发展——赵元任语言学论文选》——清华文丛之四，1992：82-83）

20 世纪中叶以来，我国语言学家对汉语方言和民族语言声调做了全面、深入的调查研究，取得了丰富、科学的资料和成果。

刘俐李（2004：135-147）认为："汉语声调调值有两种特征，即音区特征和曲拱特征。音区指声调音域的分区；声调曲拱指音高向不同音区的滑动变化。"她对 1186 个汉语方言声调系统做了统计分析和归纳，看到汉语声调有直拱（平、降、升），弯拱（凸、凹、角）和零拱；刘俐李的直拱、弯拱和零拱相当于赵先生直调，曲调和短调。

王蓓教授根据《中国少数民族语言》一书（中央民族学院少数民族语言所编撰，四川民族出版社，1987），从藏缅语族、壮侗语族等 21 个声调，看到少数民族语言有直拱（平、降、升）和弯拱（凸、凹、角）。

我们根据刘俐李（2004）"汉语声调曲拱总表"（表 8.6）和"汉语方言调型频度"（表 8.7），得到了表 1 "86 种声调音高曲线的曲拱及其在方言声调系统中的出现次数（圆括弧中的数字）"。

表1　汉语声调的86种音高曲线曲拱及其出现次数

	零拱：	1 (27)、2 (89)、3 (80)、4 (71)、5 (241)	
直拱	平拱	高平拱：	55 (563)、44 (326)
		中平拱：	33 (378)
		低平拱：	22 (142)、11 (108)
	升拱	高升拱：	45 (126)
		中升拱：	34 (90)、35 (263)
		低升拱：	12 (64)、13 (256)、14 (16)、15 (10)、23 (83)、24 (314)、25 (12)
	降拱	高降拱：	51 (124)、52 (123)、53 (473)、54 (75)、41 (39)、42 (254)、43 (39)
		中降拱：	31 (416)、32 (60)
		低降拱：	21 (312)
曲拱	凹拱	中凹拱：	434 (10)、435 (3)、534 (1)、535 (25)
		低凹拱：	212 (79)、213 (379)、214 (89)、215 (2)、312 (44)、313 (68)、314 (2)、315 (2)、412 (19)、413 (2)、513 (1)、323 (10)、324 (17)、325 (5)、423 (10)、424 (21)、523 (8)
	凸拱	高凸拱：	241 (1)、242 (7)、243 (4)、341 (4)、342 (1)、343 (2)、351 (1)、352 (2)、451 (1)、452 (1)、453 (4)、353 (7)、354 (1)
弯拱		中凸拱：	131 (5)、231 (6)、132 (1)、232 (2)
		低凸拱：	121 (1)
	角拱	高角拱：	533 (1)、445 (7)、544 (1)、455 (1)、553 (1)、554 (1)、433 (2)
		中角拱：	331 (2)、332 (4)、334 (15)、335 (3)、344 (1)、311 (2)、355 (1)
		低角拱：	112 (2)、113 (9)、211 (4)、221 (3)、223 (8)、224 (5)、244 (1)、251 (1)

　　表1中直拱、弯拱和零拱，用五度制标出的声调调值共有86种曲拱，它们是高平拱2种，中平拱1种，低平拱2种，高升拱1种，中升拱2种，低声拱7种，高降拱7种，中降拱2种，低降拱1种，高凹拱0种，中凹拱4种，低凹拱17种，高凸拱13种，中凸拱4种，低凸拱1种，高角拱7种，中角拱7种，低角拱8种。

　　根据直拱（平、降、升）、弯拱（凸、凹、角）和零拱，用五度制标出的声调调值共有86种（刘俐李，2004），因而，直拱（平、升、降）、弯拱（凸、凹、角）和零拱等携带着声调的起码信息，是声调的"最小载讯元素"。音节的音高曲线中，跟直拱、弯拱和零拱等无关的弯头和降尾对声调信息是多余的。

三　语调的"最小载讯元素"

本文语调仅指疑问语调和陈述语调。本文只探讨疑问和陈述语调的"最小载讯元素"及其形态。

英语语调自主音段—节律（Autosegmental-metrical，AM）理论的核心是音高重调和边界调，其中音高重调用于突显关键的信息，而边界调可实现边界的划分，并表达语气和语篇功能（Ladd，1996）。（边界调和音高重音的论述，可见：《现代语言学词典》，戴维·克里斯特编，1997，沈家煊译，2000）

Ladd（1996）指出，在 AM 框架内，包括英语、法语、荷兰语、日语、孟加拉语等在内的不同类型的东西方语言的语调研究都取得了长足进步；他特别指出，20 世纪 90 年代初期形成了应用 AM 理论，标记英语语调的规范系统——ToBI；ToBI 系统应用于语音研究和有关技术，使 AM 方式得到了检验和发展。

June（2005）编辑出版的《韵律类型学》，在 AM 语调音系学理论的统一框架下，介绍了包括德语、希腊语、荷兰语、克鲁埃西亚语、日语、朝鲜语、北京话、广东话、契卡索话、北澳大利亚一种地方话和意大利语一种地方话等 30 种语言的语调和韵律结构的类型特点以及韵律标注系统。

汉语短语或语句音高曲线携带着语调信息，既有语气信息（边界调），又包含焦点重音（通常叫重音）信息（林茂灿，2012；Li，2015）。

语调的"最小载讯元素"存在于语调短语的音高曲线中。短语音高曲线中，除重音和边界调音高以外的部分对语调是冗余的，因为它是由协同发音等因素引起的；语调短语音高曲线中协同发音部分，对语音自然度起重要作用。

下面分别从边界调和重音（焦点重音，下同）来寻找和探讨语调的"最小载讯元素"。

（一）边界调音高的上升和下降具有语言的普遍性，是边界调的"最小载讯元素"

赵元任（1929，见：2002：261—263）谈"口气语调"时指出，口气语调"是几乎全国一样的，甚至于跟外国语言也有好些相同的地方。"他接着说，"中国话的短暂口气和结束口气，也是一升一降的。"

"一般句末上升的音高（final raised pitch）表示疑问语调，句末的下降音高表示陈述。"（Hirst，1998）

"所有语言在用语调表示语气时，都毫无例外地用高调或升调表示疑问，用低调或降调表示陈述（Bolinger，1978；Ohala，1983），如：'我去↗'表疑问，'我去↘'表陈述。这种音高和语义之间的固定关系的原因可以到生物学，尤其是动物行为学里去找。""所谓动物行为学原理是指'高调表小'。小体型动物叫声频率高，暗含无威胁性之意。大体型动物叫声低沉，有进攻性。人类使用音高也符合这原理。爱称小称善意讨好合作撒娇时音高较高。问话是要求合作，态度一般会友善（除非地位不平等），所以此时会使用较高的音高。"（朱晓农，2004）

Ohala（1978）对以上现象从生理上给出解释："各种语言（包括声调语言、音高语言和重音语言）的 F_0 变化，喉肌肉一定参与了作用。环甲肌对提高 F_0 是主要力量。"疑问边界调音高的上升是由环甲肌引起的，说明人的喉头构造制约了"疑问"信息的形成。

因而，边界音节里的音高上升和下降是边界调的"最小载讯元素"。语调短语窄带语图上的窄带曲线或宽带语图出现的音节音高曲线中，非边界音节音高的升降对语气信息而言是多余的。

下面分非声调语言和声调语言，讨论其边界调"最小载讯元素"的表现。

英语疑问和陈述边界调音高是音高（基频，下同）本身的上升和下降，如图 1（下）所示。非声调语言的疑问和陈述边界调，都像英语的那样是音高本身的上升和下降。

汉语疑问和陈述边界调音高也是上升和下降的，但它的上升和下降是相对于边界音节声调音高曲线相应部分的上升（边界音节为阴平、阳平和去声是其起点抬高，终点抬得更高，上声是其起点和转折点抬高，终点抬得更高）和下降（边界音节为阴平、阳平和去声是其起点降低，终点降得更低，上声是其起点和终点降低，转折点降得更低），但声调调型保持不变，如图 1（上）所示那样。图 1（上）粗实线是四个声调音高曲线，粗实线上面和下面的细实线分别是阴平、阳平、上声和去声疑问和陈述边界调的音高曲线。

我们认为，声调语言的疑问和陈述边界调，也像汉语的疑问和陈述边界调的那样，是相对于边界音节声调音高相应部分的上升和下降。

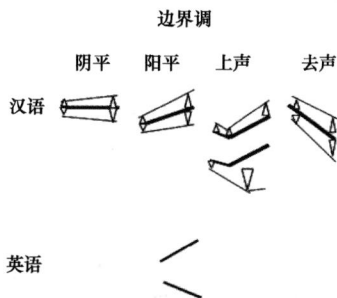

图 1　英语边界调及汉语边界调与声调叠加关系的示意
（林茂灿、李爱军，2016，2017，2018）

　　因而，边界调"最小载讯元素"是边界音节音高的上升和下降，它有两种音高曲线：非声调语言疑问和陈述边界调是音高本身的上升和下降，声调语言疑问和陈述边界调音高的上升和下降是相对于边界音节声调音高曲线相应部分的上升和下降。

　　（二）重音"最小载讯元素"

　　英语重音分高调和低调，汉语重音也分高调和低调。英汉重音音高曲线都有山峰型和山谷型两种。我们认为，山峰型音高曲线和山谷型音高曲线是重音的"最小载讯元素"。短语窄带语图上的窄带曲线或宽带语图上出现的音高曲线中，那些不属于山峰型和山谷型曲线的音高活动，对重音信息而言是多余的。

　　1. 山峰型音高曲线

　　高调重音的山峰型有三种高调音高曲线。

　　第一种音高曲线是焦点位置上音节音高高点的抬高（On-focus F_0 raising，OFR），焦点后音高明显下降、压缩（Post-focus F_0 lowering，PFC），音高曲线像山峰，也可以说，焦点位置音高与焦点后音高之间为大音域；由于这种形态的音域大，其焦点感知率高。第二种音高曲线是焦点位置上音高抬高一些（无明显抬高，－OFR），焦点后音高无明显压缩（－PFC），也可以说，焦点位置音高与焦点后音高之间为小音域，其感知率低。第三种音高曲线是焦点位置上音高无明显抬高（－OFR），而焦点后音高明显下降（PFC），焦点位置音高与焦点后音高之间的音域不如第一音高曲线，但比第二种音高曲线大，其感知率多少尚待确定。

　　第一种音高曲线是焦点音节的音高高，焦点后音高明显下降，音高曲线像个山峰，如图 2 英语"Anna"首音素"A"读高调 H* 的"An"音高曲线，和图 3 汉语在"干""急"及"快"和"最"读高调的"花儿干死了""我急死了"及"你快告诉我"和"老师傅最喜欢这个"的音高曲线那样；由于焦点位置音高与焦点后音高之间为大音域，其焦点感知率高。

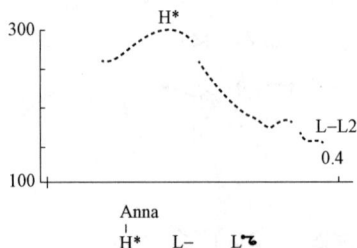

图 2　首音节"A"读高调 H* 的 Anna 音高曲线

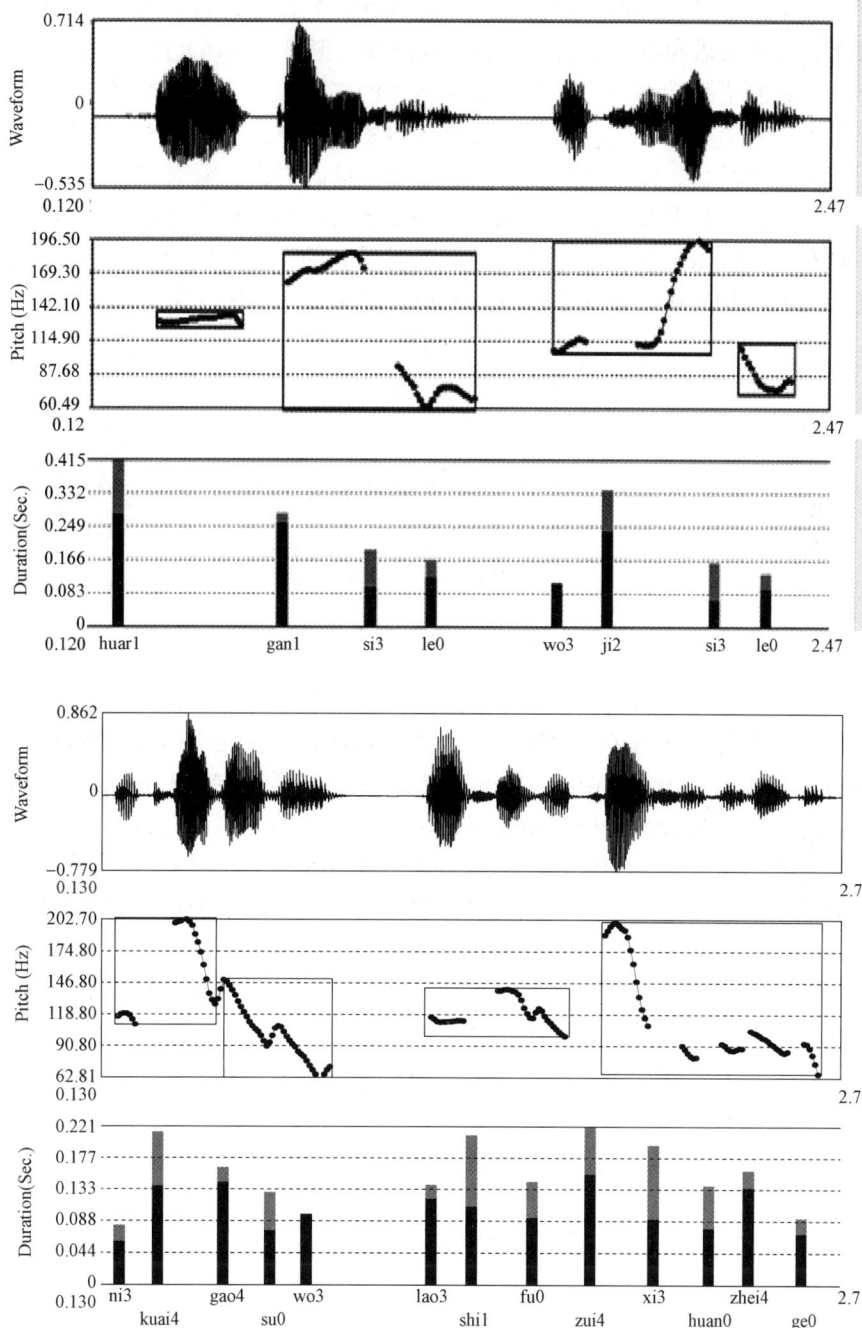

图 3　汉语短语"花儿干死了""我急死了"（上）和"你快告诉我""老师傅最喜欢这个"（下）读高调，重音落在阴平"干""阳平"急"和去声"快""最"的音高曲线

　　对第一种音高曲线，段文君、贾媛（2015）指出，有英语、波斯语、藏语、土耳其语和维吾尔语；刘璐、宋清逸、王蓓（2016）指出，有英语、德语、希腊语和瑞典语，还有阿尔泰语系的许多语言，如：维吾尔语、土尔其语、韩语和日语等，另外，在汉藏语系许多语言中也有类似的发现，北京话、南昌话、藏语拉萨方言；以及无声调的语言：藏语安多方言。

　　第二种音高曲线是 Xu、Chen 和 Wang（2012）研究北京话、台湾普通话和台湾闽南话焦点重音的声学表现时看到的，台湾闽南话焦点没有引起明显的基频变化，尤其是没有焦点后音高下降，如图 4 所示。

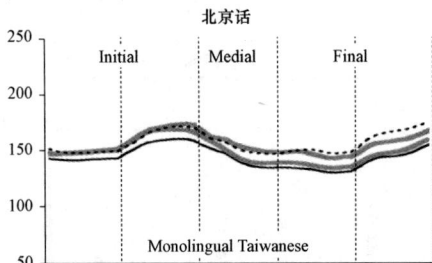

图 4　台湾闽南语各焦点条件下语调曲线

　　对第二种音高曲线，段文君、贾媛（2015）指出，有台湾普通话和粤语；刘璐、宋清逸和王蓓（2016）指出，有 Afroasiatic、Niger-Congo、Northern Sotho、Sotho，Hausa、Wolof、Buli 和 Gur，Bantu 语支中的 Tumbuka、Aka、Chitumbuka、Chichewa 和 Durban Zulu；中国南方的一些语言和方言中也缺少焦点后压缩现象，如台湾的闽南语、台湾普通话、泉州闽语、粤语；南岛语系中的德昂语、佤语、越南语、白语、壮语、瑶语和苗语和海南回辉话；另外有学者发现玛雅语也是。

　　第三种音高曲线是段文君、贾媛（2015）研究济南方言和太原方言时看到的，太原话在焦点位置没有什么抬高，而在焦点后显著下降如图 5 所示。段文君、贾媛和冉启斌（2013）还看到，淄博话和太原话一样，焦点位置音高没有抬高，焦点后音高下降。

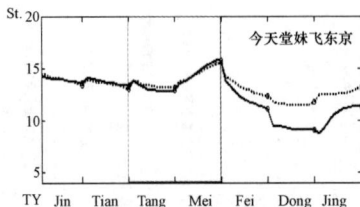

图 5　太原方言平均 F_0 半音曲线

（实验句：今天堂妹飞东京。）

段文君、贾媛和冉启斌（2013）还看到，淄博和太原话一样，焦点位置音高没有抬高，焦点后音高下降。

2. 山谷型音高曲线

低调重音的山谷型有三种高调音高曲线。

第一种山谷型是圆弧状，如图 6 的英语 **Anna** 首音素 A 读低调 L*的 An 音高曲线那样。

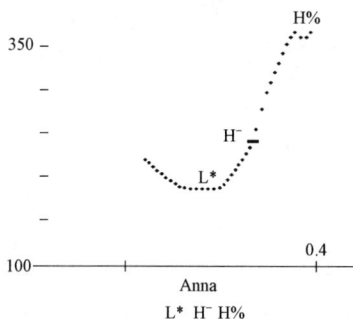

图 6　首音节"A"读低调 L*的 Anna 音高曲线

汉语重音落在上声上，也出现圆弧状的山谷型，如图 7"他可以写得好"的"写"那样，其低点下压不多，音高曲线为低降有一点升，低点处有小幅音高起伏，时长是短语中最长。

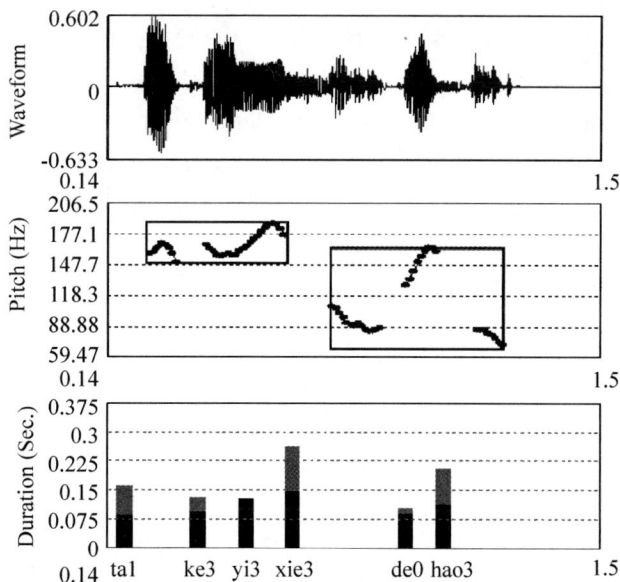

图 7　"他可以写得好。"各音节的波形（上部），
音高曲线及表示韵律词的方框（中部）和时长（下部）

第二种山谷型是漏斗状。汉语上声的低点下压很多，其形成一种像漏斗的音高曲线，如图 8 短语"你去我就不去了。"中，"我"重读，其转折点基频下降到约 70Hz，其音高曲线像漏斗，可听到吱嘎声。

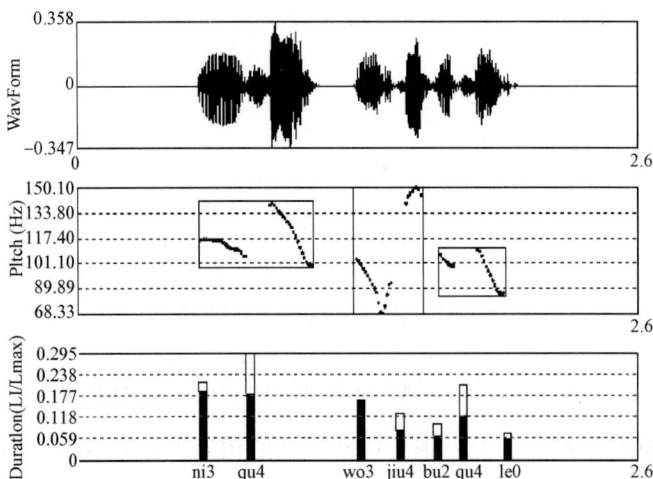

图 8　Z 说的"你去，我就不去"各音节的波形（上部），
音高曲线及表示韵律词的方框（中部）和时长（下部）

赵元任（1980：65）指出，"第三声到了最低的时候，嗓子就有一点儿比较紧的状态，听得出嗓子有点儿卡那种作用"。曹文（2010：150）认为，"除了其前后音节的高音点落差和时长信息外，T3（上声——引者按）本身是否带吱嘎声也是它加重与否的重要表征。"林茂灿、李爱军（2018）认为，"在带焦点的短语中，上声出现的'嗓子有点卡儿'的吱嘎声或气泡音，是汉语上声重读的标志之一！"

窄焦点落在上声上会出现另一种表现。马秋武（1988，2017：47）在"上声与非上声组合"中看到，上声"承载焦重音时，其音高本身不可能抬升，只能降低。有趣的是：承载焦点重音的上声音高比不承载焦点重音的上声音高实际上略有降低，其后的非上声（阴平、阳平、去声）声调中的高调位却出现了明显的抬升，形成了滞后的'音高峰'"，如图 9（1）、图 9（2）和图 9（3）所示。马秋武（2017：56）提出，"如果该语言拥有低平调，该低平调需要借助其后非低平调声调含有的高调位往上延伸来与承载焦点重音的音节声调构建起音域扩展的感知度。"就是说，"迟后的高峰"和焦点音节声调共同对这种重音的感知作贡献。

图 9（1）　李^{上}英^{阴}今^{阴}天^{阴}修^{阴}飞^{阴}机^{阴}

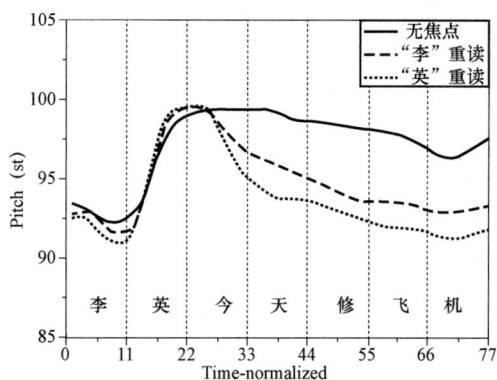

图 9（2）　李^{上}圆^{阳}明^{阳}年^{阳}来^{阳}吉^{阳}林^{阳}

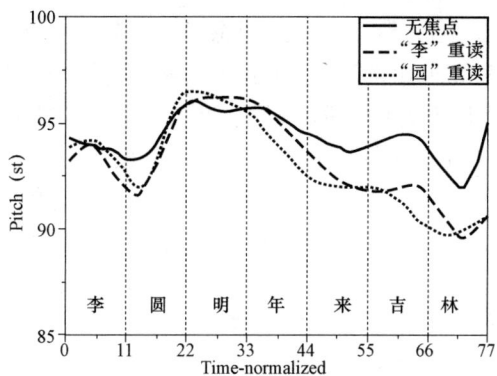

图 9（3）　李^{上}艳^{去}住^{去}在^{去}大^{去}庆^{去}市^{去}

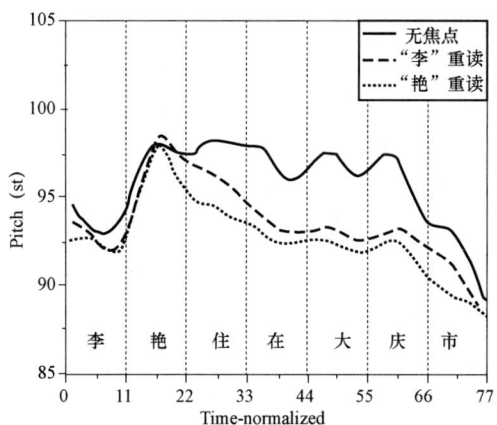

图 9　“李英今天修飞机”“李圆明年来吉林”和“李艳住在大庆市”的
无焦点和“李英”“李圆”和“李艳”重读的音高曲线

四　研究语音"最小载讯元素"的语言学意义

我们在元音和辅音"最小载讯成分"基础上，看到了声调和语调"最小载讯元素"及其表现。研究语音"最小载讯元素"，不仅有通信上的意义，还可能对研究语音形态和语调演变有一定作用。

（一）声调和语调"最小载讯元素"与其形态

什么是声调和语调的形态？

《现代汉语词典》试用本（1973）"形态"指：1. 事物的形状或表现：意识形态，观念形态，2. 生物体外部的形状，3.〈语〉词的内部变化的形式，包括构词形式和词形变化的形式。

赵元任（1968）《汉语口语语法》（吕叔湘译，1979）在"语音"这一小节指出，有三种"形态音位"，它们是：（1）"形态音位变调"，（2）"啊a 和呀 ia 的交替"，（3）卷舌韵尾的形态音位。赵先生还说，"还有一种复杂情况是韵母 ie 和 üe 的字的第三、第四声跟第一、第二声形成不同的结果。"

赵先生谈到"形态音位变调"时说，"当一个声调的变体同另一个声调相同时，形态音位问题就会产生。两个第三声相连，第一个第三声既然跟第二声相同，那么它就不是一个简单的音位变体。'买马'和'埋马'同音异义。同样，当一个第二声前面是第一或第二声，后面是除轻声以外的任何声调（包括两个第三声相连第一个派生出来的第二声）时，它就变为第一声。这就是一种形态音位变调的情形。"

我们根据形态指"事物的形状或表现"和赵先生"形态音位变调"的主张，从音高曲线形状来探讨声调和语调的形态。

1. 声调"最小载讯元素"与声调形态

声调的"最小载讯元素"是直拱（平、升、降）、弯拱（凸、凹、角）和零拱。从直拱（平、升、降）、弯拱（凸、凹、角）和零拱，根据表 1得到 86 种声调形态，它们是高平拱 2 种，中平拱 1 种，低平拱 2 种，高升拱 1 种，中升拱 2 种，低声拱 7 种，高降拱 7 种，中降拱 2 种，低降拱 1种，高凹拱 0 种，中凹拱 4 种，低凹拱 17 种，高凸拱 13 种，中凸拱 4 种，低凸拱 1 种，高角拱 7 种，中角拱 7 种，低角拱 8 种。

2. 语调"最小载讯元素"与语调的形态

重音"最小载讯元素"是高调重音音高曲线和低调重音音高曲线。高调重音的山峰型有三种形态。低调重音的山谷型也有三种音高曲线，其中两种是上声音节听起来重，另一种是"迟后的峰"和焦点音节（上声）声调共同对重音的感知作出贡献。

边界调"最小载讯元素"音高曲线有两种形态：音高本身的上升和下

降，和上升和下降是相对于边界音节声调音高的上升和下降。

显然，语调"最小载讯元素"的音高曲线，就是不同语言语调的形态。

（二）声调形态与声调类型

声调语言的各个声调系统，都是从这 86 种形态中选用某几种形态，由这几种形态组合（组配，下同）而成的。

（三）语调形态与其类型

1. 音高本身的上升和下降，和音高上升和下降是相对于边界音节声调音高上升和下降，是边界调的两种形态，前者属于非声调语言，后者属于声调语言。

2. 语音的焦点重音存在于由高调重音形态与低调重音形态所组合的集合中。

3. 汉语功能语调和情感语调都由重音和边界调两个要素组成；功能语调和情感语调的重音和边界调有不同表现，说明这种形态与其类型有关。

4. "要对（北京话和台湾闽南话）焦点后音高压缩（PFC）现象的分布进行大规模的跨语言研究。这样不仅可以加深对韵律类型学的理解，而且对研究语言接触、双语现象和语言的演变有很大的帮助。"（Xu，Chen 和 Wang，2012）

语调形态与其类型之间的关系值得进一步深入研究，以得到更多的成果。

（四）语音"最小载讯元素"与语音演变

"生物学家已经发表多篇论文证明，从全球范围来讲，绝大部分地区的语言和基因是匹配的"。（徐丹，2015：217）

元音前三个共振峰的组合，和辅音横杆、竖条（冲直条）、乱纹的组合，可以分别给出所需要元音和辅音的集合（总体）。直调（平调、升调、降调），曲调（凸调、凹调、角调）和短调（零拱）的组合，可以给出所需要声调调值的集合（总体）。高调重音音高曲线与低调重音音高曲线的组合，可以给出语言重音的集合。非声调语言的疑问和陈述边界调音高都是音高本身的上升和下降，而声调语言疑问和陈述边界调音高的上升和下降是相对于边界音节声调音高的上升和下降。因而，语音的"最小载讯元素"的组合，给出所需要语音的集合（总体）。我们以为，语音的"最小载讯元素"是语音的声学基因单元；语音的"最小载讯元素"可能与生物以至生物基因之间有某种联系。生物基因与语音"最小载讯元素"之间是不是匹配的，语音演变与生物演变之间是否类似，尚需有关学者开展独立研究！

五　秉持吴先生面向实际的主张，积极揭示语调的真相

我们看到的声调和语调"最小载讯元素"及其形态等是初步的，也许能起到抛砖引玉的作用。

声调语言的疑问和陈述边界调与声调之间的叠加关系是不是就是这种音高变化形态：疑问和陈述边界调音高的上升和下降，是相对于边界音节声调音高曲线相应部分的上升和下降。语气作用于边界音节声调的直拱（平拱、升拱和降拱）、弯拱（凸拱、凹拱和角拱）和短拱上，是不是只有这种边界调形态？

重音作用于直拱（平拱、升拱和降拱）、弯拱（凸拱、凹拱和角拱）和短拱上，是不是只有山峰型和山谷型两种音高曲线。山峰型是不是只有三种形态：音高在焦点位置抬高，焦点后明显下降；音高在焦点位置没有引起明显的音高变化，尤其没有焦点后的音高下降；音高在焦点位置音高无明显抬高，而焦点后明显下降？山谷型是不是就是圆弧状，漏斗状和圆弧后面出现一个"延迟的峰"等三种形态？

我们看到的声调与语调关系还很不全面，冀望同人对这些问题及有关问题秉持吴先生面向实际、"探索语音真相"的主张，选用有代表性的方言开展研究，弄清声调与语调之间关系，分别提出声调和语调形态的规律性论述，给出语调的区别性特征，为发展超音段形态学作出贡献！

参考文献

曹文，2010，《汉语焦点重音的韵律实现》，北京语言大学出版社。

段文君、贾媛、冉启斌，2013，《山东方言焦点语音实现的共性和差异性特征——以济南、聊城、淄博方言为例》，《清华大学学报》（自然科学版）第 8 期。

段文君、贾媛，2015，《济南方言和太原方言中焦点语音实现的对比研究》，《全国人机语音通讯会议论文集》。

林茂灿，2012，《汉语语调实验研究》，中国社会科学出版社。

林茂灿、李爱军，2016，《探讨英汉语调的相似性》，《第三届汉语韵律语法国际研讨会》，北京语言大学，9 月 23—25 日；《英汉语调的相似性与对外汉语语调教学》，《中国语音学报》第六辑。

林茂灿、李爱军，2017，《语调类型学研究——英汉语调的共性和差异》，第十四届全国人机语音通讯学术会议，中国连云港。

林茂灿、李爱军，2018，《英汉语调的共性和差异》，《今日语言学》2018

年 1 月 2 日；中国社会科学网 2018 年 1 月 6 日。

刘俐李，2004，《汉语声调轮》，南京师范大学出版社。

吕士楠、初敏、徐洁萍和贺琳，2012，《汉语语音合成——原理和技术》，科学出版社。

刘璐、宋清逸、王蓓，2016，《大理白语中焦点的韵律实现方式》，第 12 届全国语音学学术会议，内蒙古。

罗常培、王均，1957，《普通语音学纲要》，科学出版社，1981，商务印书馆。

马秋武，2017，《汉语语调焦点重音的韵律实现方式与类型》，《韵律语法研究》第二辑，北京语言大学出版社。

戴维·克里斯特编，1997，《现代语言学词典》，沈家煊译，2000，商务印书馆。

吴宗济、林茂灿主编，1989，《实验语音学概要》，高等教育出版社（增订版主编：鲍怀翘、林茂灿，2014，北京大学出版社）。

徐丹，2015，《语言的新视角——语言和基因的平行演变》，《当代语言学》第 2 期，社会科学文献出版社。

赵元任，1929，《北平语调的研究》，《最后五分钟》附录，中华书局。

赵元任，1930，《一套标调的字母》，《语音学教师》，又载《方言》1980 年第 2 期。

赵元任，1968，《汉语口语语法》（吕叔湘译，1979，商务印出馆），赵元任，《语言问题》，1980，商务印出馆。

朱晓农，2004，《亲密与高调》，《当代语言学》第 3 期。

Li，A.，2015，*Encoding and decoding of emotional speech：A cross-cultural and multi-modal study between Chinese and Japanese*，Springer.

Chen，Y.-Y.，& C. Gussenhoven，2008，Emphasis and tonal implementation in Standard Chinese，*Journal of Phonetics*，36，724-746.

Duan，Wenjun，JIA，Yuan，Ran，Qibin，2013，The similarities and differences in the acoustic features of focus across dialects in Shandong，*Tsinghua Univ.*，2013，6：835-838. （in Chinese）

Bolinger，D.，1978，Intonation across languages，In Greenberg J H.，*Universals of Human Languages*（Vol. 2，Phonology）. Stanford：Stanford University Press.

Jakobson，R.，G. Fant.，M. Halla，1952，*Preliminary to speech analysis.* MIT Press.

Hirst，D，1998，*Intonation systems：A survey of twenty languages.* Cambridge：

Cambridge University Press.

Jun，S. A.（ed），2005，*ProsodicTypology – The phonologfy of intonation and phrasing, Oxford*：Oxford University Press，2005.

Ladd，D.，1996，*Intonation phonology*，Cambridge：Cambridge University Press.

Liu，F.，& Y. Xu，2005，Parallel encoding of focus and interrogative meaning in Mandarin intonation，*Phonetica*，62，70-87.

Ohala，J. 1978，The production of tone .In A. FromkinV，*Tone：A linguistic survey*, New York：Academic Press.

Ohala，J.，1983，Cross-language use of pitch：An ethological view. *Phonetica* 40：1-18.

Xu，Y.，1999，Effects of tone and focus on the formation and alignment of f0 contours，*Journal of Phonetics*，27，55-105.

Xu，Y.，S.-W Chen，& B.Wang，2012，Prosodic focus with and without post-focus compression（PFC）：A typological divide within the same language family？*The Linguistic Review*，29，131-147.

Verhoeven，E.，& S. Skopeteas，2015，Licensing Focus Constructions，In Yucatec Maya1. *International Journal of American Linguistics*，81（1），1-40.

Wang，L.，B. Wang，& Y. Xu，Y.，2012，Prosodic encoding and perception of focus in Tibetan（Anduo Dialect），Paper presented at the *Speech Prosody*，Shanghai.

Wang，B.，Y. Xu，& Q. F. Ding，2017，Interactive prosodic marking of focus，boundary and newness in Mandarin，*Phonetica*，75（1），24-56.